高等院校**通识教育**"十三五"规划教材

U0740644

职场应用文写作

刘德胜 洪杰 / 主编

兰明博 陈巧巧 王蕾 周启航 王睿 / 副主编

人民邮电出版社

北　京

图书在版编目（CIP）数据

职场应用文写作 / 刘德胜，洪杰主编. -- 北京：
人民邮电出版社，2020.9
高等院校通识教育"十三五"规划教材
ISBN 978-7-115-54284-7

Ⅰ．①职… Ⅱ．①刘… ②洪… Ⅲ．①汉语－应用文
－写作－高等学校－教材 Ⅳ．①H152.3

中国版本图书馆CIP数据核字(2020)第108779号

内 容 提 要

本书全面介绍职场中常用应用文的写作方法和技巧，具体包括事务类应用文、经济类应用文和其他应用文。书中所选择的文种、案例素材等紧贴职场需求，每章除对各文种的基础概念进行介绍外，还对各文种的特点、分类、作用、结构及写作方法等进行全面解析，方便读者加深理解和自主学习。本书案例丰富、条理清晰，实用性较强。

本书适合作为高等院校、高等职业院校"应用文写作"课程的教材，也可供想学习应用文写作技巧的读者参考。

◆ 主　编　刘德胜　洪　杰
副主编　兰明博　陈巧巧　王　蕾　周启航　王　睿
责任编辑　王亚娜
责任印制　王　郁　焦志炜
◆ 人民邮电出版社出版发行　北京市丰台区成寿寺路 11 号
邮编　100164　电子邮件　315@ptpress.com.cn
网址　https://www.ptpress.com.cn
固安县铭成印刷有限公司印刷
◆ 开本：787×1092　1/16
印张：10.5　　　　　　　2020 年 9 月第 1 版
字数：223 千字　　　　　2025 年 7 月河北第 8 次印刷

定价：30.00 元

读者服务热线：(010)81055256　印装质量热线：(010)81055316
反盗版热线：(010)81055315

本书编委会

主　　编：刘德胜　　洪　杰

副主编：兰明博　　陈巧巧　　王　蕾　　周启航　　王　睿

编　　委：陶洁玉　　王静月　　邓晨晖　　徐永刚　　李　明

前　言

　　本书以职场需求为导向，以大学生的现有认知状况和写作能力为基础，以"必需、实用、够用、便用"为编写原则，旨在解决职场中应用文写作的常见问题，提高大学生的应用文写作能力。在编写之初，编者广泛、深入地进行了调查研究，瞄准职场的实际需求点，力求突出本书的实用性，并注重内容与时俱进。书中所选的文种、案例都紧贴职场需求，并对各个文种的特点、分类、作用等进行了立体化的解析，在加深大学生理解的同时也方便他们自主学习。

　　本书结合了多种教学方法，能有效帮助大学生提高应用文写作能力。

　　1. 启发式教学

　　激发大学生主动学习的兴趣，培养大学生独立思考、分析问题和解决问题的能力，引导大学生主动通过实践和自学获得知识。

　　2. 案例式教学

　　引入与教学内容契合且有一定实际应用意义的案例，通过对案例的系统分析，引导大学生对案例进行思考，深化其对知识点的理解。

　　3. 自主式学习

　　通过提供课后练习，让大学生利用各类资源，自主学习，提出解决问题的方案，充分拓展大学生的视野，培养大学生的自主学习能力，提高大学生的综合素质。

　　通过对本书的学习，大学生可以有以下收获。

　　1. 了解应用文写作的概念、写作原则，熟悉应用文写作的特点、类别、作用、结构、语言表达方法、应用范围等。

　　2. 理解并掌握应用文写作的方法和技巧。

　　3. 提升解决问题的能力，提高今后职场中的应用文写作能力，达到学以致用的目的。

　　本书由安徽信息工程学院大学生综合素质与能力培养中心教师骨干团队编写，主要成员有刘德胜、洪杰、兰明博、陈巧巧、王蕾、王睿、周启航、陶洁玉、王静月等。其中，刘德胜主要负责第一章第一节的编写；兰明博主要负责第一章第二节的编写；洪杰主要负责第二章的编写，以及全书的校订工作；陈巧巧主要负责第四章第一节的编写；王蕾主要负责第四章第二节的编写；王睿主要负责第三章第一节的编写；周启航主要负责第三章第二节和第三节的编写；陶洁玉、王静月、邓晨晖、徐永刚、李明主要负责材料的收集。

编者在写作过程中，参考和借鉴了一些同类的书籍和相关研究资料，在此对这些作者致以诚挚的谢意。由于编者水平、精力有限，书中难免存在不足之处，敬请广大读者给予批评指正，以便我们逐步修订、完善本书，更好地服务读者，帮助大学生提高职业能力与素养，增强大学生的职场核心竞争力，助力大学生顺利就业、创业和发展。

编者

2020 年 3 月

目　录

第一章
概论

本章重点介绍应用文的基本概念、特点、语言表达方法和应用文写作的基本程序，包括材料准备、文章构思、文章起草、文章修改以及每个环节的要求、原则和注意事项等。

第一节 │ 应用文写作概述

一、应用文的概念

应用文是党政机关、企事业单位、社会团体或个人在工作、学习和生活中使用的，用于处理公私事务、传播信息、表述意愿而撰写的具有一定的惯用格式的实用性文章。

应用文具有悠久的历史，殷商时期的甲骨卜辞、钟鼎铭文，《周易》中的卦、爻辞等，可视为应用文最原始的形态。

我国最早的应用文集是《尚书》，分为《虞书》《夏书》《商书》《周书》4 部分。它包括夏、商、周三代的祝词、誓词、诰言、法令、会计文书、盟书等。明清时期，应用文文体的划分更加细致，清代刘熙载第一次提出了"应用文"这一名称。

1951 年 9 月，中央人民政府政务院发布了《公文处理暂行办法》，全面、详细、具体地规定了公文的文种、体式、行文关系等，是第一个全国性的公文法规，它标志着我国的应用文写作进入了一个新的发展阶段。

二、应用文的特点

（一）实用性

这是应用文最大、最本质的特点，是应用文区别于文学作品和其他文体的主要标志。

无论是处理公务还是个人私事，所使用的应用文都必须可以产生实际的价值。例如，写一篇工作报告，是为了向领导汇报与工作相关的事宜，方便领导对工作内容和工作方式进行把控；写一篇求职简历，是为了获得用人单位的青睐，帮助自己获得心仪的职位；写一篇新闻消息，则是为了在最短时间内向一定范围内的受众传递现实情况。此外，为了达到一定的目的，必须选择相应的应用文文种，否则，就不能达到预期的效果。

（二）真实性

应用文是具备一定法律效力的文书，是为解决现实问题、指导实际工作等事务而产生的，它要求文中的材料、数据必须真实、准确；提出的请求、行文的立场必须客观公正；传达的精神必须确切、规范。应用文拒绝任何形式的虚假和杜撰，而且不可以进行任何的艺术加工，若行文者在文中添加不实信息、数据或观点，将承担一定的法律责任。

（三）思维的逻辑性

应用文思维的逻辑性，体现在文章的组成结构上。应用文应以具体的事件（或问题）为中心，条理清楚，段落之间具有明显的逻辑关系；陈述的事项界限清晰，无交叉；内容讲究因果联系，材料能够证明观点。文章在阐述观点，分析前因后果、现象和本质时，多用逻辑思维的方式。如写请示时，要写明请求的事项和请求批准的原因；写总结时，要在具体成绩和存在问题的基础上，分析说明相应的原因。

（四）格式的稳定性

应用文在长期的使用过程中，形成了比较稳定的格式与风格，包括文字书写、排版印刷、结构层次、习惯用语、签署、印章等都有具体的要求。多数应用文有惯用格式，其中国家行政机关的公文具有规范格式。使用固定格式的作用是便于应用文阅读者更清楚地辨析行文目的，如请示和报告，此外也便于承办、归档和查询，更有利于行文目的的达成。

（五）行文的时效性

应用文存在的前提是实际问题，写作目的是解决问题，一旦问题解决，则应用文文本就会变成档案材料，所以，应用文写作必须及时，在一定时限内必须完成写作任务，否则就会影响应用文作用的发挥，甚至可能影响相关工作的开展和执行。例如，过时的市场调查分析报告几乎没有应用价值，滞后的新闻报道毫无意义，不及时的通知文件则会严重影响办事效率和质量等。同时，应用文的时效性还体现在应用文往往只在一定的时间内起作用，超过使用期限便会被废止。例如，2000 年 8 月 24 日国务院发布的《国家行政机关公文处理办法》第五十七条规定："本办法自 2001 年 1 月 1 日起施行。1993 年 11 月 21 日国务院办公厅发布，1994 年 1 月 1 日起施行的《国家行政机关公文处理办法》同时废止。"

（六）语言的简明性

应用文的语言表达要求真实、精确、简洁明了。语言朴实、用词精准、概念明确、阐述清晰、篇幅适当，是应用文应该具备的特征。简洁明了，才能实现应用文快捷实用的现实价值，冗长的报告只会使人昏昏欲睡，而一篇上万字的紧急通知必定会延误办事时机。应用文语言的简明性要求作者在写作时做到字斟句酌、简明扼要。

三、应用文的语言表达方式

表达方式，即古人所称的"笔法"，现又称表达手法、表现方法，文章的表达方式通常有5种：叙述（也称记叙）、议论、说明、描写、抒情。应用文行文过程中常用的表达方式一般为说明、议论和叙述。

（一）说明

说明是用简明扼要的文字，对客观事物或事理的状态、性质、特点、功能、成因、关系、功用等属性进行客观的解释和介绍的一种表达方式。

1. 说明的作用

介绍背景材料和环境，可为叙述做好铺垫，可为议论提供依据。

总结、简报、调查报告、工作报告、表彰、处分决定、通报介绍有关人员或单位；法规、规章和管理规章文书、专用书信以及启事、经济合同、广告等文体中常用到说明这一表达方式。

2. 说明的特征

① 常与议论、叙述结合使用。

② 常同时使用多种说明方式。

3. 常用的说明方法

（1）比较说明

比较说明是利用相同事物、事理之间的异同或不同事物、事理之间的异同说明被说明对象的方法。需要注意的是，事物之间一定要有可比性，而且比较的标准要一致。

（2）举例说明

举例说明是列举具体的例子以说明事物特征的方法，所举的例子要真实、具体，有代表性。举例说明一般有两种类型，即典型举例和列举性举例。

例如，夏季小学期一般指在春季学期结束后，额外增加的几周较短的上课时间，与春、秋季学期组成"两长加一短"的形式，并以此为周期安排教学任务。目前国内开设夏季小学期的高校有北京大学、清华大学、中国政法大学、安徽信息工程学院、中国科学院大学、中国人民大学等。

（3）数字说明

数字说明是用数据说明事物、事理的方法。

例如，2016届大学生毕业半年后"受雇全职工作"的比例（77.3%）与2015届（77.4%）基本持平，与2014届（79.2%）相比有所下降；"自主创业"的比例（3.0%）与2015届、2014届（分别为3.0%、2.9%）基本持平；"正在读研/读本"的比例（10.3%）略高于2015届、2014届（10.1%、8.9%）；"无工作，继续寻找工作"的比例（4.0%）略高于2015届、2014届（分别为3.9%、3.7%）。

（4）分类说明

分类说明是作者为了揭示事物的种属关系，把事物按同一的标准划分为不同的类别或不同的方面，逐一加以说明的方法。

（5）定义说明

定义说明指作者用下定义的方式对概念的内涵、外延进行准确、严密的揭示。

例如，《现代汉语词典》给"人"下的定义是，"能制造工具并使用工具进行劳动的高等动物。"

定义中"是"之前和之后的内容可以互换。

（6）图形说明

图形说明是用图形说明事物、事理的方法。图形说明具有其他说明方法所没有的直观性。

（7）引用说明

引用说明是引用有关的论述、文件资料来说明事物或问题的性状、特点、本质和规律的方法。

（二）议论

议论是作者对某件事情或某个问题进行分析、推理、评论，从而表明自己的立场、观点、意见的一种表达方式。

1. 议论的作用

对人或事做出自己的评价、判断，阐明处理某些公务活动或社会事务的立场观点、政策原则、决策主张。

2. 议论的特征

① 以正面议论为主，旗帜鲜明地表明观点。

② 多与其他表达方式结合使用，如夹叙夹议。

3. 议论的构成

完整的议论由论点、论据、论证三要素构成。

① 论点提出"被证明的是什么"。

② 论据回答"用什么证明"，即用以证明论点的材料，包括事实论据和理论论据。

③ 论证解决"怎样证明"，即运用论据证明论点的过程和方法。

论点是统帅、核心、灵魂，论据是基础，论证是联系论点和论据的桥梁。

4. 常用的论证方法

（1）例证法

例证法是用事例或统计数据作论据，举例直接证明论点的论证方法。需要注意的是，论证过程中列举的事实过少会显得单薄，过多又会淹没、冲淡论点。因此，用作论据的事实，既要典型，又要适量。

例如，米糠和麸皮含有大量维生素，我国古代的医学家孙思邈早就注意到了这一点，他曾经用米糠和麸皮治疗那些患有维生素缺乏症的病人。现代科学也证明了这一点，经化学分析，米糠和麸皮中确实含有较多的维生素 C、维生素 B 和维生素 E。

（2）对比法

对比法是将性质相反或有差异的两种或几种事物进行比较，做出论断，从而证明论点的论证方法。

（3）引证法

引证法是引用经典作家的言论、党和政府的文件等证明论点的论证方法。

（4）因果法

因果法即分析事物的前因后果，并以此证明论点的方法。分析时可由因及果，也可由果溯因。

（5）喻证法

喻证法即通过打比方、讲道理的方式证明论点的方法。

例如，调查就像"十月怀胎"，解决问题就如"一朝分娩"。

（6）归谬法

归谬法即将错误的观点进行合乎逻辑的推理，引出荒谬的结论，从而证明该观点错误的方法。

（三）叙述

叙述是有次序地叙说、介绍人物的经历、言行或事物发展变化过程的一种表达方式。完整的叙述包括六要素：时间、地点、人物、事件、原因与结果。

1．叙述的作用

叙述是应用文书的基本表达方式，为议论提供事实依据。

2．应用文书叙述的特征

① 以顺叙为主，讲求平铺直叙，注重叙述事件的过程。

② 一般采用概括叙述，极少进行具体、详细的叙述。应用文书对叙述的要求是：概括准，线条粗；注重对事件的整体勾画，不要求细节的具体、内容的详尽；只叙述与表达主旨、说明问题有直接关联的部分，或只是综合、概括地叙述若干人或事的共同点。

③ 常与其他表达方式结合运用，如夹叙夹议、叙事论理、叙述说明等。

3．叙述的方法

（1）顺叙

顺叙是根据人物经历或事件发生、发展的自然时序进行的叙述。

（2）倒叙

倒叙是把事件的结局或事件中最突出的片段提到前面先叙述，然后再以顺叙的方式进行的叙述。

（3）插叙

插叙是在叙述主要事件的过程中，因为需要，暂时中断主线的叙述，插入与中心事件有关的内容的叙述。

4．叙述的人称

人称是指作者叙述的观察点、立足点。选用第一人称的叙述是主观性叙述，能给读者真实、亲切的感受；选用第三人称的叙述是客观性叙述，叙述面较广、较自由，可不受时空和经历限制；使用第二人称的叙述，有亲临感，像在面对面交流。

应用文写作对人称的使用有特定要求：撰写总结、拟定计划，必须采用第一人称；写市场调查报告则主要使用第三人称；而有些文种的写作需要同时使用 3 种人称，如涉及第三单位的来函、去函、情况通报，就常出现"我们""你们""他们"等人称。

第二节 应用文写作程序

一、应用文写作的重要性

我国作家、教育家叶圣陶先生说过："大学毕业生不一定要能写小说、诗歌，但一定要能写工作和生活中实用的文章，而且非写得既通顺又扎实不可。"应用文写作是准职场人获得聘任和提升的"敲门砖"。美国大学董事会全国写作委员会曾发布了 3 份调查：第一份调查名为《被遗忘的"R"》，呼吁掀起一场写作革命；第二份调查名为《写作：通向工作的门票》，在调查了 120 家公司之后，得出写作在职场中起到了至关重要的作用的结论；第三份调查名为《写作：来自州政府的强烈信息》，调查指出，尽管政府部门对雇员的写作能力高度重视，但有相当比例的政府雇员没有达到政府部门的要求。

以上例子都说明了学习和掌握应用文写作方法的重要性。应用文作为知识化、信息化、全球化时代的信息载体，是人们在工作、生活中交流沟通的重要工具，而应用文写作能力，则是体现个人职业素养和人文内涵的重要方面。

二、应用文写作的基本程序

应用文写作一般需要经历 4 个环节，即材料准备，文章的构思、起草和修改。

（一）材料准备

材料，是指作者为完成文章的写作，体现自己的写作意图和目的，从现实生活和文献资料中选取、使用的一系列事实根据和理论根据。应用文写作往往从实用性出发，着重选择能够真实、全面、准确地反映事实本身的材料和相关的理论材料。材料准备有以下几个要点。

① 全面：着眼于"博"。作者要广泛、全面地收集直接相关或间接相关的各种材料，根据

写作需要，去伪存真、去粗取精，选取最具价值的材料。只有材料全面、丰富，写作时才能得心应手、保证质量、及时完成。

② 深入：着眼于"透"。深入实际采集第一手材料，采集方法包括调查、研读和核实。不满足于感官所及，要捕捉感官之外的信息，透过现象发掘事物的本质。

③ 细致：着眼于"细"。精细周密，不忽视任何一个侧面、任何一个细节，不放过任何一个疑点和任何一份可能有价值的材料。

应用文材料的积累涉及现实生活的各个领域，具体包括以下几个方面：党和国家的路线、方针、政策、法规；上级下达的任务、意见等；本单位、本部门的各种文件，如计划、统计报表等；本单位、本部门群众反映的情况；有关行业和单位的情况；新闻媒体传播的信息；以及与工作相关的其他文件。

应用文写作中需要准备的物质材料可以分为通用材料和专用材料两种，其中通用材料包括应用文写作的文体写作要求、常用句式、常用词及标点符号使用方法等在所有应用文写作时均需要注意的标准和格式规范。

延伸阅读

应用文写作常识

1. 标点符号

标点符号是辅助文字记录语言的一套符号，是使书面语言准确表达文本意义的重要辅助工具。

2. 常用的标点符号

（1）点号：句号（。）、问号（？）、感叹号（！）、逗号（，）、顿号（、）、分号（；）、冒号（：）。

（2）标号：引号（""）、括号（（））、破折号（——）、省略号（……）、连接号（-）、间隔号（·）、书名号（《》）、专名号（＿）。

3. 标点符号歌

标点符号很重要，组成文章不可少。

该用哪种小符号，都要认真来思考。

意思未完用逗号，一句完了用句号。

喜怒哀乐感叹号，提出问题用问号。

并列词语用顿号，并列分句用分号。

提示下文用冒号，对话引用加引号。

书文名称要标明，前后加上书名号。

有些意思要省掉，可以加个省略号。

转折解释破折号，表示注释加括号。

标点符号用准确，文章清楚都说好。

4．应用文的开头和结尾方式

（1）开头方式：目的式、根据式、原因式、概述式、结论式、提问式、引述式。

（2）结尾方式：自然收尾式、总结归纳式、强调说明式、希望号召式、专门结尾用语式。

5．应用文惯用语

（1）开头语：兹、兹有、兹因、奉、谨悉、为了、根据、按照、遵照、依照、关于、由于等，旨在表示行文的目的、依据、方式、对象等。

（2）经办语：经、业经、兹经、复经、前经、经过、通过、均经等，说明事件承办过程中的情况。

（3）收文语：前接、近接、悉、欣悉、收悉、据报、据查等，是专门用于接收来文的用语。

（4）综述语：为此、对此、据此、有鉴于此、现函复如下、现通告如下等，用在下文之前，引出过渡句，表明从缘由、根据、背景过渡到正文部分。

（5）时限语：顷闻、顷接、顷奉、迅即、从速、届时、即日、应即、兹有、兹派、兹因等，表示事由的时间和发文部门提出问题的依据。

（6）表敬语：谨、谨电、谨悉、谨启、惠存、恭请、敬请、承蒙协助、承蒙惠允、不胜感激等，表示对对方的尊敬和礼貌。

（7）提示语：切、切实、切勿、务必、切切等，用以提请对方特别注意。

（8）期请语：请、拟请、恳请、务请、函请、务希、尚望、当否、妥否、请批示、请批复、请核准、即请查照、希即遵照、是否可行、是否同意，表达行文者的期望、请求。

（9）结尾语：为要、为盼、为荷、专此布达、特此通知、特此通告、望遵照执行等，表示行文的意愿和目的。

上例即为通用材料，专用材料则为每次写文章前就文章写作主体、场合、主题等具体要求而专门收集和准备的材料。例如为领导写一份年度庆典的讲话稿，需要收集的内容包含以下两个部分：一是客观材料，包括部门以往年度庆典的结构内容、部门本年度重点工作、部门本年度重要成果等，从中可以得出本次讲话稿写作的谋篇布局，是宏观层面的准备；二是主观材料，包括领导以往讲话稿的风格、领导计划讲话的方向和重点内容、领导个人表达的偏好等，从中可以得出讲话稿具体的材料选择与遣词造句方式，是微观层面的准备。

选用材料的要求

符合主旨：材料与主旨应有直接对应的关系，要选择那些能有效说明主旨的材料，根据主旨决定材料的数量、类别和详略。

符合原貌：保证材料的真实确凿，不能杜撰，也不能夸大或缩小，引文也必须认真核对，不能有差错，还要能从本质上反映事物的真实面貌，而不只是反映一些偶然现象。

案例链接

演讲稿写作材料准备

某校大二学生小李、小王等人合作开发了一款名为"青螺居"的住宿服务 App，主要服务对象为旅行者，旨在帮助旅行的人在旅途中找到性价比更高的住宿地点。小李团队报名参加了 2018 年的"创青春"全国大学生创业大赛，在指导老师的帮助下，小李团队顺利完成了项目申请书的拟写和提交。

半个月之后，学院初赛开始，各项目团队都必须上台展示，时间限定为 5 分钟。为了这次演讲，小李等人坐在一起讨论演讲稿的撰写。一番激烈讨论之后，他们达成如下共识。

一、通用知识方面

1．演讲稿的内容需要有自己的特点，有辨识度，因此演讲稿材料必须来源于自己的项目，与项目内容紧密相关。

2．演讲稿的材料应由浅入深，由已知到未知，由简单到复杂，以适应听众的理解能力。

3．演讲稿要使用规范化的口语，避免使用过于书面化的语言。

二、专用知识方面

1．在写作思想方面，首先，撰写演讲稿的最终目的是获得评委的认可，因此必须借助评委的评审标准来确定本次演讲稿写作的内容。

其次，本次参赛团队多达 30 余支，每位评委分配给每个项目的精力必定有限，因此，材料选择与语言选择必须精准，结构安排必须科学合理。

最后，项目的优势与特色需要及时准确地传达，内容安排方面必须优先体现优势与特色。

2．在写作材料方面，由上可知，本次演讲需要优先展示的是项目主题、项目优势与特色、项目市场前景预测。项目优势可以是技术、市场、团队、产品本身等任何方面，这些信息需要在演讲开始后及时准确地传递给评委。在表述完以上信息之后，还有必要介绍财务、市场分析、组织结构等内容。

经过一番思考，小李团队确定比赛的演讲稿材料应从以下两大方面准备。

一、写作思想准备

1．据了解，本次比赛的评委由学校里的创业比赛指导教师担任，需尽量了解他们的评审标准。

2．演讲稿不可以出现过于口语化的表述，但是技术术语也要尽量少出现，若出现就必须做到易于理解，让人一听即懂，还应尽量使用短句。

3．项目的优势和特色必须在项目陈述开始后的 30 秒内传达完毕。

4．使用金字塔结构呈现演讲内容，做到重点突出、结构完整、逻辑合理。

二、写作材料准备

演讲稿将依据项目的竞争优势选择性地呈现材料，应做好以下材料的准备。

1．项目主题：项目名为青螺居，是一款与住宿服务相关的 App。

2．项目特色：除了提供传统旅馆、酒店的住宿信息外，还提供民宿与活动板房的住宿信息，为旅行者提供更加全面的服务。

3．项目优势：由经验丰富的研发团队负责应用程序开发，确保项目的顺利开展。

4．项目市场前景预测：以南京市为项目运营的起点，3年内覆盖各大旅游城市的重要景点。

5．其他材料：其他项目成员及其分工、项目财务分析、营销策略、风险分析与对策和企业愿景。

一番忙碌后，小李团队便以上述思考结果为基础，开始构思演讲稿的写作主题、选择合适的材料、安排文章结构与编写写作提纲了。

（二）构思

构思，是根据一定的表达意图和文章体裁要求，对文章从内容到形式进行统筹安排、全面规划的过程。构思是文章写作的初始阶段，包括确立主题、选择材料、安排结构、编写提纲等，是对文章的整体酝酿过程。

1．确立主题

主题为文章全部内容所表达的明确意图、基本观点、中心思想或需要说明的问题。

（1）主题的作用

① 主题是文章的灵魂，一篇文章质量的高低、价值的大小、作用的强弱、效果的优劣，取决于文章的主题。文章的主题错了，其材料、结构、语言再好，也是白费力气。

② 主题是文章的统帅，是贯穿文章始终的一条主线，处于统领全局的关键地位。它决定了材料的取舍、结构的安排、语言的应用和表达方式的选择。

（2）确立主题的原则

① 主题必须实事求是，以客观事实为基础。应用文写作是出于客观现实的需要，因此主题必须真实。作者通过对调查得来的客观材料进行分析和研究，从感性认识上升到理性认识，形成正确的观点和主张，从而确立应用文的主题。

② 主题必须反映写作目的。应用文写作是为了解决问题，在起草之前要考虑需达到什么目的，起到什么作用，这样才能确立正确的主题。

③ 主题必须有的放矢。作者要考虑接受对象，针对不同的对象，讲述不同的内容，采用不同的语气，这样才能取得更好的效果。

（3）确立主题的要求

① 明确，就是表达要明白、确切。提倡什么，反对什么，应该怎样做，不应该怎样做，态度都要鲜明。要做到主题明确，应该注意3点：一是要准确、鲜明地阐述党和国家的路线、方针、政策、法规，二是要直接表达作者的意图，三是要提出明确、具体的意见、办法。

② 集中，就是只能有一个基本观点、一个主要意图。只能一文一事，不能一文多事。要做

到主题集中，也要注意 3 点：首先，在动笔之前就要确立主题；其次，选择材料时要紧紧围绕主题；最后，起草文章时要详略得当、重点突出。

③ 新颖，就是有特色、不落俗套。"人人胸中皆有，人人笔下皆无。"要做到主题新颖，一要独辟蹊径，写他人所未写；二要深入挖掘，追求更高的境界。

④ 深刻，就是透过现象抓住本质，揭示事物深远的思想意义和丰富的内涵。要做到主题深刻，一要仔细观察，反复思考；二要变换角度，深入研究。

案例链接

演讲稿的主题确立

小李团队确定了写作思路和材料后，在写作的过程中，始终对演讲稿的主题犹豫不决。究竟什么样的主题既能全面、准确地反映项目内容，又能富有创新性地表达，吸引评委的注意力呢？考虑到一个好的主题可以让演讲在一开始就吸引评委的注意，小李团队希望能够在主题拟定上做得更好。

小李团队的项目是一项共享住宿服务，这种服务产品在市场上并不鲜见，因此，如何在表述基本信息的同时，找出创新点，提炼出新颖、深刻的主题，就是一件很重要的事情了。否则，项目很有可能会落入俗套，最终步人后尘甚至落后于现有的产品。小李团队为此进行了深入的思考。

首先，主题必须涵盖项目内容，这一点必须明确且集中。脱离了内容的主题，就是无本之木、无源之水。因此，主题必须能全面、准确地说明项目的内容。这里，小李团队提炼出了几个项目关键词：

为谁服务——旅行的人；

提供的服务信息——住宿；

产品最终表现形式——App。

符合以上 3 点的主题，可以拟定为：为旅行的人提供住宿服务的 App 产品。

其次，主题必须新颖。要新颖，就必须提炼出本项目人无我有或人有我优的点。此时小李团队围绕着项目内容，得出以下两点本项目与传统住宿服务产品的不同处。

1. 提供的服务信息——共享民宿。小李团队的项目与传统的住宿服务产品提供的服务信息的不同之处在于，传统服务产品多提供宾馆和广为人知的纯商业类住宿产品，但是小李团队不仅能提供传统的住宿产品，还突出了"共享"二字，每个人都可以将自己空出来的房子按照项目标准进行布置而后出租，每个人在外出旅行时都可以获得传统产品以外的共享住宿服务。即人人皆可成为宾馆或民宿老板，人人又都可以是住宿的游客。

2. 创新点——提供了传统住宿服务类平台没有的信息，即活动板房。这是一种可以安置在景点内部，与景点合而为一的住宿。这种服务产品可以使游客在旅行时，不用先找住宿地点再去景点，也不用考虑住宿地点与景点之间的距离，甚至不用考虑住宿的环境，因为住宿地点就在景区内。设置在景区内部，通过扫码、提交身份证照片即可入住的活动板房，是一项极具特色的住宿服务。

结合以上两点，小李团队将项目主题再次拓展为：为旅行者提供共享住宿服务的 App 产品，特色服务项目为共享民宿景点活动板房。

到这里，小李团队已经把自身的项目内容进行了提炼，与用户需求进行了匹配，但是在宣传方面，上述主题可能还无法吸引用户。因此，小李团队决定深入挖掘用户的心理需求，从用户角度来完善主题。

这就是要考虑的最后一点，即主题必须深刻。考虑到旅行的人经过旅途劳顿之后，总是希望得到一种闲适的享受。对用户这种回归自然、融入自然的心理需求，服务产品应该予以满足。因此，小李团队决定将项目取名为"青螺居"，青螺为"居"，居于"青螺"，源于自然，居于自然，让心理和身体双重回归，以此来满足用户的心理需求。

综上，小李团队的演讲主题定为：青螺居，为旅行者提供共享住宿服务的 App 产品。

2. 选择材料

（1）选择材料的要求

① 切题：根据主题的需要选取材料，被选取的材料必须在主题涵盖的范围内。

② 真实：真实是每一个应用文写作者都必须遵守的法则，真实而确凿的材料是文章有说服力和感染力的保证。

③ 典型：典型要求材料具有具体、个别、鲜明和独特的个性，同时又能体现同类事物的本质和普遍意义。

④ 新颖：新颖的材料是指新近发生、新近发现、鲜为人知、具有新意的材料，新颖的材料更具有可读性和感染力。

（2）使用材料的原则

① 分清主次：直接而深刻表现主题的材料，在文章中处于主导地位，起主要作用，是主要材料；辅助、说明、烘托和陪衬主题的材料，起次要作用，是次要材料。

② 注意详略：主要材料、核心材料、读者生疏和难以把握的材料要写得详尽，次要材料、辅助材料、读者熟悉和容易接受的材料要写得简略一些。

③ 区分文体：不同的文体使用的材料会有不同。简单来说，写工作报告需要成果类材料，写请示需要支撑请示事由的材料，写论文则要有充分的证明材料和研究数据，所以在撰写不同文体的时候，应有方向地区分材料。

④ 科学组合：点面组合、正反组合、整体与局部组合、主题与背景组合、数据与文字组合，让各种材料相辅相成，相得益彰。

案例链接

演讲稿的材料选择

小李团队确定主题之后，开始围绕主题罗列材料。经过提炼，小李团队确定要在演讲稿中呈现的材料为以下 8 点：

1. "青螺居"项目介绍；

2. 研发团队介绍；

3. 管理团队介绍；

4. 启动资金预测；

5. 股权融资计划；

6. 市场分析；

7. 市场前景预测；

8. 产品介绍。

经过讨论，小李团队确定了本次演讲中要优先呈现的内容为"青螺居"项目介绍、产品介绍。同时，由于项目研发团队来自各专业研究院所，是本项目的亮点，所以团队决定将技术团队也放在优先表述之列。小李团队确定要详细讲解的内容为产品介绍、市场分析与市场前景预测。这部分属于项目有别于和优于其他项目之处，是人有我优的内容，因此应该详细介绍。此外，还有启动资金的预测，这部分是每个项目取信于评委的要点，因此也需要适当论述。以上材料以外的其他材料，将简化处理。

另外，在材料选择之后，小李团队还考虑了材料的呈现方式。本次演讲需要配合 PPT 展示，因此内容呈现方面必须重数据，尽量少用大段枯燥的文字。小李团队讨论决定，在具有较好表现性的团队介绍方面，用数据和文字结合的方式来展示，即一边介绍各技术开发人员的成果数据，一边介绍其在技术团队中的职责与角色。与之相匹配的是在 PPT 中用图文结合的方式进行展示。

确定材料呈现的策略后，小李团队又将视野转向了演讲稿的结构。如何做到"凤头、猪肚、豹尾"，并且逻辑清晰、重点突出呢？

3. 安排结构

（1）应用文结构的含义

文章的结构，是写作对象的客观形态和作者写作思路的统一体，是对材料的具体组织和安排。它具体表现为作者在写作中对写作材料的主次、详略、先后顺序的安排，又称为谋篇布局。

文章的结构有两种含义：一为宏观结构，即文章的总体构思、大体框架；二为微观结构，即对文章的层次、段落、开头、结尾、过渡、照应和主次的具体设计。虽然应用文的结构形式多样，但多数应用文通常采用的格式为"三部式"：从外部形态看，一类为眉首、主题、版记三部分，另一类为标题、正文、落款 3 部分；从内部形态看，分为开头、主题、结尾 3 部分。

应用文写作以主旨为核心和归宿，应用文的结构就是作者运用材料主次分明、条理清晰地表现主旨的形式。通常认为，主旨是文章的灵魂，材料是文章的血肉，结构就是文章的骨骼和经络。

（2）结构写作的原则与要求

① 格式规范。一般的应用文都有相对稳定的结构模式，有些特定文体，如行政公文、司法文书、信函等，都有规范的格式。应用文写作者要熟练掌握这些格式要求，根据不同的文种使用相应的格式，做到规范化写作，尤其是行政公文和法律文书，具有法定的权威性，对格式的要求更为严格，拟稿时要特别注意。

② 纲目分明。所谓纲，是指构成文章主旨的核心内容，是主要内容；所谓目，是从属于纲的基本内容，是次要内容。在表述上要有层次，要以纲带目，即所谓的纲举目张。在写作实践中往往将文章分成段落层次，按部分表述或采取条陈的方式。文章不同的部分可以加小标题，也可以加序号，总之要纲目分明、清晰醒目。

③ 逻辑严密。这是指文章的内部逻辑关系要严密。文章的内部逻辑关系和外部的形式结构应该是一个浑然的整体，共同为表达主旨服务。文章不仅要段落层次清楚、分明，而且逻辑线索也要脉络贯通。

案例链接

演讲稿的结构安排

小李团队为了使演讲稿逻辑清晰、重点突出，在结构上做了较多的思考，最终做了如下结构安排。

1．项目简介，项目优势与特色。

2．项目详细内容：

（1）项目产品介绍；

（2）项目团队介绍；

（3）项目财务分析；

（4）项目市场分析。

3．结束语。

【案例评析】

这样的结构安排，首先突出了项目的基本情况，即告诉评委项目是什么，优势与特色是什么，重点突出；而后采用金字塔原理展开演讲稿内容，逻辑清晰。这两部分的排布，既考虑到了评委的心理需求，符合评委要求的项目呈现顺序，又重点突出了项目的基本情况和优势特色，有逻辑性地展现了项目的具体内容。

4．编写提纲

编写提纲是把构思的成果以书面形式固定下来。提纲的编写应由整体到局部，由粗到细，从章到节再到要点，每一层次还可以列出关键词和主要材料。编写提纲时应随想随记，并不断调整、修改和优化。

案例链接

演讲稿的提纲编写

确定演讲稿的结构之后，小李团队开始讨论添加到结构中的具体内容。为了方便任务分工，小李团队准备列出各部分的写作提纲。讨论结果如表1-1所示。

表1-1   "青螺居"项目演讲稿提纲

主题	章	节	要点
青螺居	项目介绍	项目简介	共享住宿，App
		项目优势与特色	活动板房，共享民居
	项目具体内容	项目产品介绍	产品特征、技术路线
		项目团队介绍	技术研发团队、管理团队
		项目财务分析	启动资金预测、财务计划
		项目市场分析	市场分析、市场前景预测、风险分析
	结束语		

三级提纲编写完毕，小李团队便开始分工进行文章的拟写了。

（三）起草

起草，是作者把自己的整体构思写成文章初稿，把无形的思想变成有形产品的过程。起草成功与否，基本决定了整个写作过程的成败。起草时要注意以下3点。

1．最好一气呵成，但也可以各个击破

一气呵成可以使文气贯通，前后一致，文章中不容易出现斧凿的痕迹。但是，必要时可以先化整为零，再拼凑连接。对长篇文章，写作者可以采取各个击破的策略，根据先易后难的原则，分别充实各层结构的内容。

2．遵循提纲但又不囿于提纲

大致按照提纲进行写作，不会离题太远、不着边际。但是，在写作过程中常常会冒出一些新的想法，发现提纲中的一些问题，这时写作者要根据实际需要对提纲加以修改、补充和完善。

3．写不出时不要勉强

写作过程中，由于材料准备不充分、构思不成熟、缺乏激情或灵感、一时找不到恰当的语句等，有时会出现写不下去的情况，这时最好停下来，做一些必要的准备工作，待时机成熟时再写。

案例链接

演讲稿的起草

各位评委老师好！我是"青螺居"项目负责人李××，现在由我来为大家介绍我们的项目。

"青螺居"是一款为旅行者提供共享住宿服务的 App 产品，其优势和特色为……

下面我将从项目产品介绍、项目团队介绍、项目财务分析、项目市场分析 4 个角度来为大家详细介绍我们的"青螺居"项目。

首先是项目产品介绍。本项目包括以下几款特色服务产品：其一是设置在景区内部的活动板房住宿信息服务……其二是共享民居住宿信息服务……最后一项是传统的住宿信息服务，与其他传统的住宿信息服务产品类似，在此不做详细介绍。

其次是项目团队介绍。

……

再次是项目财务分析。

……

最后是项目市场分析。

……

随心而走，舒心居住，在您放飞心情时，有"青螺居"与您为伴，为您提供最贴心的服务。以上就是我们的项目介绍，谢谢大家！

小李按照提纲将演讲稿各部分分配给项目成员起草，最后汇总成为上文。这篇文章严格按照拟定的提纲撰写，每位成员都根据各自负责的内容进行写作。

（四）修改

修改是对初稿从内容到形式等各方面进行加工、完善直至定稿的过程。

1. 修改的重要性

修改是写作的组成部分和重要环节。对初稿进行反复修改是定稿之前必须完成的一项重要任务。通过修改，作者不仅可以发现文字表达上的不足，还可以检验文中所述内容与实际情况是否相符。应用文的修改，不仅是提高写作能力的一个重要途径，还是增强处理日常事务能力的一个重要方法。

2. 修改的范围

修改涉及文章的内容和形式，包括完善标题、突出主题、增删材料、调整结构、锤炼语言、修饰文面等各个方面。

（1）内容方面

文章的思想内容是决定文章成败优劣的关键。修改文章首先应该从内容上着眼，检查标题是否恰当、简明，观点是否正确、深刻，材料是否精当、典型，材料与主题是否统一等。具体来说，文章在内容方面可能存在以下问题。

① 标题所指范围过大或过小，正文与标题不吻合。

② 观点不明确、不深刻，主题平庸，缺乏积极的意义。

③ 材料陈旧、平淡、不真实、不典型，不能有力地说明观点或表现主题。

④ 内容杂乱，概念模糊，判断失误，推理、论证不合乎逻辑。

⑤ 曲解引文原意或引文与主题没有关系。

（2）形式方面

好的内容要与完美的表现形式配合。修改文章还应该从形式上着眼，检查结构是否合理、和谐，语言是否得体、严谨，文面是否规范、标准等。具体地说，文章在形式方面可能存在的缺陷包括以下各项。

① 结构不完整，不严谨，甚至散乱。

② 层次、段落、过渡、照应、开头、结尾等不恰当。

③ 叙述、说明、议论、描写、抒情等不合乎文体或内容要求。

④ 字、词、句运用不当或有错误，不合乎语法规范或修辞要求。

⑤ 标点符号使用不规范。

⑥ 文章格式不标准。

3. 修改的原则和方法

修改文章，一般采用以下原则和方法。

① 通观全局，从粗到细。首先要着眼于整体，考察文章的内容与形式是否相符，是否体现了写作意图；其次深入考查主题是否明确，材料是否典型，结构是否和谐，语言是否得体，文面是否标准。

② 区别对待不同文种。文种不同，写作要求就不同，要看清对象，对症下药。

第二章
事务类应用文写作

本章重点介绍几种常用的事务类应用文的概念、特点、分类、写作形式、作用、写作方法与写作要求，如计划与总结、报告与请示、通知与通报、会议纪要、规章制度、商函、电子邮件等。

第一节 | 计划与总结

一、计划

（一）概念

计划是指记录党政机关、企事业单位、社会团体或个人为了完成未来的某项工作或任务结合实际情况而做出的有关打算或安排的文书。

现实生活中常见的规划、纲要、工作意见、工作要点、打算、设想、安排、方案等都属于计划，但是它们在时间长短、内容详略、范围大小等方面有区别。规划、纲要的时间较长、范围较广、内容概括，是展示宏观目标和发展远景的计划；工作意见、工作要点是领导部门向所属部门布置工作和任务，偏重于政策性、原则性指导的计划；打算、设想是非正式的、粗线条的计划；安排是内容具体、时间较短的计划；方案是对重要工作的目的、要求、方式、方法、进程等进行安排，通过上级批准才能执行的计划。各种计划的对比如表 2-1 所示。

表 2-1 各种计划的对比

名称	时限	内容特点	示例
规划	长期	宏观性，涉及面广，规模大，内容概括	××市 10 年发展规划
设想	长远	对工作任务做粗线条、非正式的安排	岗前工作设想
要点	一段时间	布置主要任务，交代政策，提出原则性要求	××大学 2019 年教学工作要点
安排	短期	任务的明确、内容单一、措施具体	与××集团签约的日程安排
方案	近（短）期	任务的具体安排，专业性强、可执行性强	××广告拍摄方案

（二）特点

1．指导性

计划是人们以对客观规律的认识为基础，通过思维加工制订而成的。它是实践的反映，反过来又指导人们的实践。

2．预见性

计划制订者要准确地判断实际情况，并对未来一定时期内的工作做出合理安排。计划因此包含预测未来的特征。

3．目的性

计划中所采取的措施和办法，从根本上讲无一不是为实现一定的目的而服务的，目的性是计划的灵魂和生命，是它的出发点。

4．可行性

计划以实现工作为基础，既不能毫无突破、无所进取，又不能脱离实际、好高骛远，计划制订者必须在充分考虑主客观条件的情况下，实事求是、切实可行。

5．约束性

计划体现着决策单位或个人的要求和意图，计划一经产生、通过、下达就要严格遵照执行，否则计划将变成一纸空文，因此计划的约束性是实现一定计划目标的保证。

（三）分类

根据不同的分类标准，计划可以分为不同的种类。

① 按内容分，计划可分为学习计划、工作计划、生产计划、财务计划、教学计划、分配计划、销售计划等。

② 按范围分，计划可分为班组计划、单位计划、地区计划、国家计划等。

③ 按时间分，计划可分为周计划、旬计划、月计划、季计划、年计划、5 年计划、10 年计划等。

④ 按性质分，计划可分为综合计划、专题计划等。

（四）写作形式

1．表格式

制作表格计划时，应先把各项内容划分成几个栏目，再把制订好的各项具体计划填写进栏目中，形成表格。这种形式适用于时间较短、范围较小、方式变化不大、内容较单一的具体安排，如销售计划、值班表等。

案例链接

表 2-2 所示是 2019 年××公司新员工拓展训练日程表。

表 2-2　　　　　　　　　　　　　拓展训练日程表

时间	主题	项目	具体内容
上午 （9:00—12:00）	团队建设	团队破冰 团队文化设计与展示	打破学员与学员、环境、教练、课程之间的坚冰，为整体培训奠定轻松和谐的学习氛围。初步打造学员的团队意识、纪律性、目标规划意识、沟通意识、合作意识、执行意识等
	团队熔炼	心心相印 齐心协力	进一步培养团队成员情感，加强交流，增进合作，提升学员之间的熟悉度，熔炼团队
	目标与计划管理	挑战 150	1. 培养学员的目标规划与认知能力 2. 优势、劣势、机会、威胁分析 3. 组织目标与个人目标之间的关系 4. 计划事前、事中、事后 5. PDCA 管理法
下午 （14:30—17:30）	团队协作	空中接力	培养学员的领导意识、问题解决思维模式、角色转变、合作意识等，提高领导力
		大海捞针	着重培养学员的团队协作意识和能力，提高整个团队的工作效能
	沟通管理	七巧板	1. 培养学员积极主动沟通的意识，加强部门内外联系 2. 培养学员有效沟通的能力，提高沟通效果和工作效率 3. 培养学员的团队服务意识和奉献精神，加强全局观念
	团队提升	真人 CS	1. 培养学员的全局意识、竞争意识、合作意识 2. 培养学员的领导力、执行力、团队协作能力 3. 培养学员服从管理的意识和集体荣誉感
备注	1. 集训地点：××学校综合素质教育营地 2. 以上方案为参考方案，主训师会根据培训效果灵活调整		

培训结束

2. 条文式

条文式计划又被称为"公文式计划"，使用频率较高，一般由标题、前言、正文（以条款形式呈现内容）、结尾、落款组成。

案例链接

大学阶段生活计划

终于步入梦寐以求的大学了。大学阶段是人生的重要阶段，以后的发展如何，在很大程度上取决于这个阶段掌握的知识、获得的技能和培养的能力。怎样度过美妙的大学时光？怎样使大学生活充实而有意义？怎样使身心得到健康发展？怎样塑造健全的人格？怎样在步入社会后更具有竞争力？……为了回答诸如此类的问题，过上丰富多彩的大学生活，我们首先要为大学阶段的生活制订一份周密的计划。

一、主要目标和任务

大学阶段要认真安排自己的生活，认真对待每一件事情；让德、智、体、美、劳全面发展，积极投身社会实践；拿到奖学金，争做优秀学生、优秀干部；争取早日入党；为将来找到合适的工作打下良好的基础。

（一）努力学习并熟练掌握科学文化知识和基本技能

1．刻苦学习各门文化科学知识。文化科学知识是对自然界、社会和思维的科学认识，是前人的研究成果、经验的结晶，可以帮助我们少走弯路，少犯错误。基础课程能够提高我们的基本素质，专业课程能够教给我们专业方面的知识。

2．广泛涉猎课外百科知识。仅有课堂知识是不够的，还必须大量阅读课外书籍，从而丰富我们的思想，开阔我们的视野。

3．努力掌握计算机和外语技能。计算机和外语这两项基本技能不熟练，将极大地影响我们今后的工作。

（二）积极参加文化娱乐和体育活动

1．热心参与文化娱乐活动。文化娱乐活动不仅可以加深人与人之间的感情，还可以陶冶情操、培养兴趣、发展特长、提高能力。

2．主动参加体育锻炼。身体是本钱，因此要重视体育锻炼。体育锻炼不仅可以增强体格，还可以培养人的意志。

（三）投身社会实践，提高工作能力

1．为校内学生服务。积极竞选班干部、学生会干部或团委干部，为大家服务，还可以根据自己的兴趣，参加社团活动。参与这些活动都能增长自己的才干。

2．到校外兼职。兼职不仅能够帮助我们更深入地了解社会，还能够培养自己的能力，为将来步入社会增添经验。

（四）加强思想修养，争取早日入党

优秀的品德是一个人取得成功的重要保证，应全面提升自己的思想修养，树立正确的世界观、价值观、人生观。

（五）结交朋友，扩大交际范围

良好的人际关系也是取得成功的重要因素应积极参加校内外的各项有益活动，提高自己的人际交往能力。

二、主要步骤与措施

按照主要任务的不同，大学生活可以划分为两个相对独立的阶段，每一个相对独立的阶段可以划分为更小的阶段。除了完成学业以外，每一个阶段都还有重要的事情要做。

（一）第一阶段

这一阶段以完成学业为主。上课认真听讲，每天抽出 1 小时的时间复习当天学习的课程，再抽出 0.5～1 小时的时间参加体育锻炼。争取早日通过计算机、大学英语等级考试。

1．大一学年，完成学业，拿到计算机等级证书。利用晚上和节假日的时间，参加计算机培训。争取大一上学期拿到计算机一级证书，大一下学期拿到计算机二级证书。

2．大二学年，完成学业，通过英语四、六级考试。每天早上花 0.5 小时的时间学习英语，课余抽出大约 1 小时的时间学习英语。利用晚上和节假日的时间，参加英语四、六级考试培训。争取大二上学期通过英语四级考试，大二下学期通过英语六级考试。

（二）第二阶段

这一阶段以社会实践为主。除了完成学业以外，如果没有通过计算机、大学英语等级考试，就继续努力，争取早日通过。另外，还要到校外兼职、写论文、找工作等。

1．大三学年，完成学业，寻找兼职机会。要根据自己的兴趣和特长，选择合适的工作，但是也不要固定在某一狭小的范围内。同时，兼职可以与写论文和找工作结合起来，兼职为写论文提供材料，写论文为找工作打基础。

2．大四学年，完成学业，寻找工作。多向指导老师请教，写好毕业论文。抓住机会，采取多种形式，争取早日找到合适的工作。

以上只是对大学阶段生活的粗线条勾勒，还可以根据具体情况不断进行调整和修改。不过，不论情况如何变化，以上主要目标和任务一定要保证实现。我想，只要按照这个计划执行，我的大学生活就一定会有所收获！

张××

××××年××月××日

3．文表式

文表式即表格式和条文式相结合，一般先将各项目的内容填进计划表格，再用简短的文字解释说明。

（五）作用

① 计划是做好工作的基础、完成任务的保证。在进行一项工作之前要做出具体详细的安排，使全体参与人员明确自己该做些什么。在工作执行过程中，计划有助于相关人员各司其职、各尽其责，使人力、物力、财力得到最大限度的利用，保证任务的完成。

② 计划具有指导作用。计划中的目标、任务、要求和措施是对全体参与人员集中意志、统一行动的根本要求。一个科学的计划是全体参与人员在工作、生产或学习中配合和协调的指南。

③ 计划具有调节控制作用。计划不仅要考虑计划范畴内方方面面的问题，还要考虑计划范畴外的相关问题。这要求计划的制订者及执行者必须根据复杂的实际情况对计划的实施过程进

行必要的调控，使计划具有更强的适应性。

（六）写作方法

计划一般由标题、正文和落款构成。

1．标题

标题一般采用以下 4 种形式。

① 单位+时间+事由+文种，如《××大学 2018 年博士研究生招生计划》。

② 单位+事由+文种，如《××科技馆建设计划》。

③ 时间+事由+文种，如《2018—2019 年青年教师培训计划》。

④ 事由+文种，如《教学计划》。

如果标题中没有注明单位、时间，落款中就必须注明单位、时间。

如果计划还需要经过讨论才能定稿，就应该在标题后括注"征求意见稿""初稿""草案""讨论稿"等字样。

2．正文

正文包括前言、主体和结尾 3 个部分。

（1）前言

前言用于交代计划的指导思想和基本情况。指导思想说明制订计划的目的、依据，就是为什么制订此计划，根据是什么。基本情况主要从总体上分析各种主客观条件，说明完成任务的必要性和可能性等。

（2）主体

主体的主要内容如下。

① 目标、任务：主要说明做什么。要写清楚计划应该达到的目标、完成的任务指标和要求等，并将其具体明确地落实到工作数量、质量、效率、效益等方面。制定的目标要宏观科学、切实可行，分配任务要确定重点、分清主次，提要求要条理清楚、具体明确。

② 措施、步骤：主要说明怎么做，什么时间做。应具体说明为完成目标和任务采取的具体方法、措施，人力、物力、财力的调配运用，有关部门及人员的具体分工，不同时限应达到的阶段性目标等。例如，怎样利用优势、依靠哪些力量、采取何种方法、创造什么条件、克服哪些困难、人员如何分工、程序如何划分、奖惩如何进行等。

（3）结尾

结尾可以采用以下方式：点明工作重点，强调主要环节；说明注意事项，分析可能出现的问题；提出希望与号召，激励大家为完成计划而努力奋斗。结尾要言简意赅，自然收束，有鼓动性、号召力。

3．落款

落款处写上制订计划的单位名称、个人姓名和成文日期。单位名称如果在标题中已经出现，这里就可以省略。

📝 参考模板

××××计划（方案、规划等）

为了××××，×××××××，××××××，特制订本计划。

一、任务与目标

×××××××××××。

二、方法措施

（一）×××××××××××××××××××。

（二）×××××××××××××××××。

（三）××××××××××××××××××××。

三、实施步骤

（一）××××××××××××××××××××。

（二）××××××××××××××××××××。

（三）×××××××××××××××××××××。

以上计划要求在××××年××月××日前全部完成。

×××（单位或个人）

××××年××月××日

（七）写作要求

① 计划必须符合党和国家的方针政策、法律及上级的指示精神，必须遵循下级服从上级、小局服从大局、局部服从整体的原则。

② 实事求是，有可行性。制订计划前要进行深入认真、系统全面的调查研究，遵循本单位或自身客观存在的实际情况及其规律，既要敢想敢做、积极进取，又要从实际出发、量力而行；既要安排紧凑，又要留有余地。切不可一味追求高指标或仅从个人的主观愿望出发，仅凭个人意志制订计划，不费吹灰之力就能完成和竭尽全力也无法完成的计划都不是好计划。

③ 制订团队计划时要充分发扬民主精神，群策群力。这样一方面可以使计划更完善，另一方面也让参与人员充分了解计划的要求，明确奋斗目标，从而更好地实施计划。

④ 计划要突出中心和重点，不能各项工作"等量齐观"。中心、重点就是主要矛盾，抓住了主要矛盾，其他问题便迎刃而解了。

⑤ 制订计划必须具体明确。计划的目标、任务、要求、措施、步骤等内容都应以简洁、准确的文字具体明确地表述出来，要尽量使计划具体化、可操作。

案例链接

××年房地产销售工作计划

一、宗旨

本计划预计完成销售指标 100 万元和小组增员 10 人的目标。制订本计划的宗旨是确保完成指标、实现目标。

二、目标任务

1. 全面、深入地掌握我们"产品"的地段优势并做到应用自如。

2. 细致整理客户信息。

3. 锁定有意向客户 30 位。

4. 力争完成销售指标。

三、方法措施

众所周知，现代房地产销售的竞争，就是服务的竞争。服务分为售前服务、售中服务和售后服务，而前期工作，即售前服务是我们工作的重中之重。正因如此，我的工作计划也是围绕"售前服务"来制订的。

1. 多渠道、广泛地收集客户资料，并在初步分析后录入信息，在持续的信息录入过程中不断地积累业务知识，使自己在掌握房地产销售特点的基础上进一步提升应用技巧，做到在客户面前对答如流。

2. 对有意向的客户尽可能多地提供服务（如根据其需要及时发布房源和价格等信息），让客户了解房源和价格，并在此基础上与客户做好互动。

3. 在用电话与客户交流的过程中，实时掌握其心理动态，并根据这些信息对客户进行分类。

4. 在交流的过程中，锁定有意向的客户，并与其保持不间断的联系沟通。在客户对我们的"产品"感兴趣或希望进一步了解的情况下，可以安排面谈。

5. 在面谈之前要做好各种准备，做到对房源、面积、单价等信息了如指掌。

6. 对每次面谈后的结果进行总结分析，并向上级汇报，听取领导的看法。克服困难，调整心态，继续战斗。

7. 在总结和摸索中前进。

四、评估总结

在每个月月底对该月的工作成果、计划执行情况做一次评估，总结得失，为下个月的工作开展做准备。

【案例评析】

这是一篇房地产销售人员的个人工作计划，采用条文式写作形式。该计划层次清晰、内容完整，计划目标十分明确，方法措施具体、可操作性强。

二、总结

（一）概念

总结是人们对前一阶段的工作、学习等进行全面系统地回顾、分析和评价，从中找出经验教训和规律，用以指导今后工作而形成的事务文书。广义的总结包括个人总结和单位总结。

总结类文书最常用的名称是总结，除此之外，还有小结、回顾、体会、经验、做法等。

（二）特点

1. 目的性

总结的目的是通过查找过去实践中的经验和教训，得出规律性的结论，用以指导今后的工作。

2. 实践性

总结以回顾实践或工作的全过程为前提。自身实践过程中的事实，尤其是工作中的典型事例和确凿数据是一篇总结得出正确结论的基础。

3. 概括性

总结不是事无巨细地记"流水账"，而是要在有限的篇幅里，选择最主要、最能说明问题的材料，进行精要的叙述和评议，得出规律性结论。总结是一种高度的概括，是自身实践活动的浓缩。

4. 理论性

总结的理论性表现在，通过总结，人们可以将实践中获得的大量零散的感性认识上升为系统化的理性认识。能否找出规律性的认识，用以指导今后的工作，是衡量一篇总结质量好坏的标准。

（三）分类

总结根据不同的标准和角度有不同的分类。

① 按内容分，有工作总结、学习总结、科研总结、会议总结、思想总结等。

② 按范围分，有全国总结、地区总结、单位总结、部门总结、科室总结、班组总结、个人总结等。

③ 按时间分，有年度总结、半年总结、季度总结、月度总结等。

④ 按用处分，有上报总结、下发总结、发表总结等。

⑤ 按进程分，有阶段性总结、全程性总结。

案例链接

××××学年个人学习总结

转眼间，又一学年过去了，回顾过去一学年的学习，现总结如下。

　　我是会计专业的一名学生，在过去的一学年里，我学习了会计基础、成本会计、统计原理、经济法、计算机应用技术、英语、应用文写作、体育、职业道德等课程。其中会计基础86分、成本会计82分、统计原理80分，经济法89分、计算机应用技术90分、英语72分、应用文写作72分、体育85分、职业道德评级为优。总的来说，我们学习成绩在班上属于中等水平。其中，计算机应用技术、职业道德成绩较好，而英语、应用文写作的成绩不够理想。出现这一情况，主要是因为我们时间分配不合理。

　　下一学期，我要继续努力，调整各学科的学习时间，在英语和应用文写作这两门课程上多花一些时间学习和训练，争取取得更好的成绩，力争每科成绩都在80分以上。这样，努力学好文化知识和专业理论知识，可以在将来就业时增强自己的实力。

××学院财会（1）班

××××年××月××日

【案例评析】

　　此总结在语言上、结构上、形式上都存在瑕疵，需要进一步修改。

（四）作用

　　总结的作用主要在于提高认识、汇报情况和改进工作。

　　① 提高认识。工作中常常会出现这种情况：工作虽然做了，但是由于各种因素的影响，人们一时看不明白问题的实质，或者看法不一、评价不一。总结通过去粗取精、去伪存真、由此及彼、由表及里的分析、研究，可以帮助人们把感性认识上升为理性认识，揭示客观事物的本质和规律。可见，总结的过程，就是提高认识的过程。

　　② 汇报情况。总结既可以上交上级领导部门，又可以在本单位、本部门进行交流。通过总结，上级领导部门和本单位、本部门可以了解工作的具体情况，还可以了解成功的经验、失败的教训、改进的方法等，以便今后制订计划时有的放矢。

　　③ 改进工作。通过总结，个人可以从中提取经验、吸取教训、明确方向，领导者、管理者可以从中获得决策参考和依据，提高决策水平。通过总结，人们可以发现实际工作中与计划不相符的地方。总结有利于个人在以后的工作中发扬优点，纠正错误，有助于克服盲目性，增强自觉性，从而进一步改进工作方法。

（五）写作方法

1. 总结的内容

　　总结一般包括基本情况、成绩和缺点、经验和教训、不足和努力方向4个方面的内容。

　　（1）基本情况

　　这部分的作用在于给读者一个总体印象，介绍基本事实和情况。

　　（2）成绩和缺点

　　这是总结的重点内容之一，要实事求是，不夸大也不缩小。

（3）经验和教训

这是总结的重点。对取得的成绩和存在的缺点进行分析、研究，把它上升为理论，概括出规律性结论，即经验教训。严格地说，写总结的目的即实现指导性，而这要通过经验教训来实现。总结出的经验，可以指导今后的工作；得出的教训，可以使今后的工作少走或不走弯路。

（4）不足和努力方向

完成了对经验和教训、成绩和缺点的总结，最后就要指出不足和今后的努力方向。

2. 总结的结构

（1）标题

① 综合性总结的标题，即完整式标题，主要包含单位名称、时限和文种，如《××单位××××年度工作总结》。

② 主题式标题，如《建设校园文化是加强和改进高校思想政治教育工作的必由之路》。

③ 问题式标题，如《我们是怎样在市场经济条件下建设校园文化的》。

④ 正副题结合式标题，如《加速技术改造，完善宏观调控——正确处理技术改造中的七个关系》（题目的前半部分是关于技术改造的目的性说明，后半部分是加速技术改造的具体做法）。

（2）正文

正文有以下 5 种结构形式。

① 三段式。三段式的具体内容包括工作概况、经验体会、今后打算。工作概况是开头，在此部分应简要说明总结涉及的时间、背景、任务、效果、目的。经验体会是总结的主体和重点，要求点面结合、详略结合和叙议结合。今后打算是总结的结尾，要说明存在的问题，并根据经验教训提出工作设想。

② 两段式。两段式即情况+体会，主要适用于问题比较集中的情况。首先，集中列情况（如基本情况、主要做法、成绩与缺点等）；其次，集中谈体会（如经验总结、教训归纳、对存在问题的认识、下一步打算等）。

③ 阶段式。这种结构形式既适用于专题性总结又适用于综合性、全面性总结。其主要特点是根据工作发展过程中的几个阶段，按时间先后顺序来写，每一阶段都要写明情况、做法、经验教训及存在的问题。阶段式总结要注意体现各个阶段的特点并保证各阶段内容的连贯性。

④ 总分式。总分式适用于全面性总结，首先概述总的情况，其次分若干项对主要工作进行总结。在每一项工作的总结中都需要写清做法、成绩、经验、教训等，将这些内容有机地结合在一起，并突出重点。

⑤ 体会式。体会式适用于各种类型的总结。其特点是以体会而不是以工作本身为中心进行写作；可以从几个不同的角度夹叙夹议讲清问题；各部分之间要体现逻辑关系，如以主次、轻重、因果等为序进行写作。

（3）署名

总结中常用的 3 种署名方式如下：一是以主要负责人署名的总结，署名在标题下；二是以单位或党政机关名义撰写的总结，署名可在标题下，也可以在文末；三是若标题处出现了署名，则其他地方不再出现。

（4）日期

总结的日期可加括号放在标题下，也可不加括号放在文末。如系署名发表，署名和日期都在标题下时，要日期在前、署名在后；署名和日期都在文末时（向上呈报时采用的方式），则署名在前、日期在后，并上下分写。

案例链接

磨炼意志，激发潜能，超越自我，熔炼团队

——××学院"素质拓展训练"项目总结

（2017年9月）

××学院在研究中发现，团队意识、协作能力、意志品质、创新进取等关键职业能力普遍受到企业的重视，而这些又恰好是当代高职学生较为缺乏，仅凭课程教学难以提高的素质，传统校园文化活动在这方面的收效亦不明显。于是，学院经过较为广泛的考察论证，多次派出教师参加体验培训，反复研究后于2016年7月建立了"素质拓展训练基地"，组织全院学生进行体验式的"素质拓展训练"，收到了十分积极的效果。"素质拓展训练"这一校园文化建设项目开创了学校素质教育的新途径，真正让每个学生在活动中锻炼并成长。学院也成为举办类似项目的首家高校，产生了广泛的社会影响。

一、"素质拓展训练"的内容与实施

学院每个班级的学生每学期将参加为期一周的"素质拓展专用周"活动，主要进行劳动教育、安全教育、卫生教育和"素质拓展训练"。其中，"素质拓展训练"从当周参加"素质拓展专用周"活动的班级中随机抽取28～40人，组成两个团队，分别在指导教师的带领下进行5个半天的训练。

"素质拓展训练"的目标是通过创设一定的环境，发挥团队的力量，学生在实践体验中强化团结协作意识，增强面对困难、开发潜能、战胜自我的勇气与信心，磨炼学生的意志力和忍耐力，使其感悟通过努力获得成功的喜悦。具体训练过程分为以下3个阶段。

（一）破冰之旅，组建团队。团队队员来自2个或3个班级的学生，同学之间可能互不认识。团队在指导教师的组织下，由队员自我介绍后推举队长，确立自己团队的队名、队徽、队歌和队训，解释说明设计的理由，集体高喊队训，高唱队歌。这样，队员一开始就能融入气氛活跃、情绪高昂的团队……

（二）项目训练，实践感悟。（具体介绍各训练项目，略）

（三）成果分享，交流提高。为帮助队员消化、整理和提升自己的体验，学院在训练中会组织队员交流自己的感想与心得。一是在每个项目完成后，指导教师组织队员总结活动成功的经

验、失败的教训，以及在活动中的启发与感受。指导教师适时总结和引导，使队员在讨论、交流中进一步加深认识、相互启发，从而巩固训练成果，为下一项目的训练奠定基础。二是在星期五下午，团队完成所有的训练后进行集体交流，畅谈训练的感想与收获，交流团队的成功经验，分享训练的成果。指导教师对队员们的总结进行提升，重点帮助队员们认识到团队的力量、自信的魅力、成功的源泉……在此基础上，队员们写出书面总结，对指导教师和训练效果进行评价。

二、"素质拓展训练"的创新与特色

（一）重视训练过程，让队员在实践中感悟。"素质拓展训练"重视让队员在活动过程中思考和发现。参加训练的队员必须亲自参与每一项活动，即使失败也要感受失败的滋味，成功时则要体会面对困难如何克服与战胜自我。在进行所有训练项目时，教练都不给予技术提示，而是由队员自己进行规划、实施、补充和完善，相互信赖与支持，最终完成任务。感悟出的道理也由队员自己交流分享而来。这样，一切以参训队员为主体，摒弃枯燥的说教和空洞的理论，能激发队员的主动性，实实在在地让队员在训练和实践中有所感悟与提升。

（二）培养团队意识，让队员感受团队的力量。现代社会竞争激烈，人们往往忽略了团队成员间相互倚重、相互支持的力量，"素质拓展训练"无疑能有效地解决这一问题。队员自始至终都以团队参加训练，随时能感受到团队的力量。

良好的团队气氛、相互信任与理解、在默契与配合中相互鼓励是训练成功的关键。因此，这一训练活动能有效地增强参训队员的合作意识和受训集体的团队精神。如在"绝处逢生"的训练中，面对 4.5 米高的"逃生墙"，任何人都无法徒手攀越，但依靠团队的力量，大家却仅用半小时的时间就把 16 个人全部送到墙顶，不少队员成功后喜极而泣。

（三）强化心理素质，努力实现自我超越……

（四）不断扩大覆盖面，真正实现全员参与……

（五）规范方案保证师资，确保达到预期效果……

三、"素质拓展训练"的成果与影响

（一）学生一致肯定，身心素质影响至深。"素质拓展训练基地"中悬挂着"团结协作，感悟真谛，超越自我，分享成功"的标语。事实的确如此，学生参加训练后都有发自肺腑的感慨，对"素质拓展训练"带来的训练效果给予了充分肯定。"让我真正难忘的是和队友一起生活，一起努力，一起思考。""还有更令我印象深刻的东西，比如关于信任、关于集体和合作等。""感谢学院能组织这个活动，感谢教练，感谢失败，感谢挫折。"……这些都是队员的训练感言。不少队员通过校园网、校内刊物、论坛等交流训练感受，足见"素质拓展训练"的影响之大、影响之深。

（二）活动评价甚高，测评效果优秀。学院认真做好训练效果的检测工作，每个团队训练完成后都由队员对活动进行评价。从参训队员的信息反馈表来看，认为强化了"团队合作"意识

的人数占比 100%，认为提高了"自信负责"精神的人数占比 89%……

（三）社会影响广泛，多家单位学习参观。省高职高专人才培养水平评估专家组、省教育厅副厅长、省经委主任等专家和领导参观学院的"素质拓展训练"后给予了充分肯定……

四、值得总结的经验

（一）校园文化建设要与学院育人思路的总体规划一致。"素质拓展训练"并不是一项简单的素质拓展活动，而是在学院高度重视素质教育、深入探讨实施"就业导向背景下的素质教育"的育人思路下进行的。学院积极探寻建立"素质本位"的人才培养模式，将理论教学、实践教学、素质拓展 3 个环节作为一个整体来思考和安排。通过工商学院篮球赛、校园文化艺术节、"英才杯"辩论赛等第二课堂活动和"素质拓展专用周"活动来实施素质拓展，提高学生的综合素质。"素质拓展训练"作为"素质拓展专用周"的重要内容，在学院实施"素质本位"人才培养模式的良好环境中，被不断研究和实践，从而达到预期效果。

（二）校园文化活动的开展离不开党政领导的重视与支持……

（三）校园文化建设项目必须适应青年学生的需要……

（四）校园文化活动的生命力在于内容的不断延伸与升华……

"素质拓展训练"历经两年的精心打造，已经成为学院师生高度认可、积极参与、社会影响广泛的校园文化建设品牌活动，在学生综合素质培养和思想政治建设工作中发挥了十分积极的作用，体现出了鲜明的时代特色和本院特色。面对新形势，学院将不断总结"素质拓展训练"的有效做法与经验，为今后的"素质拓展训练"培育更好的环境，为"素质拓展训练"的提升提供坚强的领导，让"素质拓展训练"在学生成长中发挥更加积极的作用。

【案例评析】

这是一篇专题性总结，文章总结了××学院素质拓展训练项目的基本内容、取得的成绩与获得的经验。标题为正副题结合式，正标题概括了项目的主要特色，副标题补充说明总结的单位、内容与文种。开头部分概述了项目实施的背景、时间、过程及成效。

主体部分从项目实施情况、项目创新、项目成效、获得的经验 4 个方面进行了总结。项目实施情况采用写实的方式，具体介绍项目的内容与做法，相当于总结的"情况介绍"部分。

后 3 个方面都是先用小标题归纳提出观点，然后用项目的典型事例与分析作为支撑。文章结尾部分用简练的语言再次对项目进行肯定，并做出展望。

文章篇幅较长，大约有 5000 字，紧紧围绕项目的特色与成效这一重点层层展开。文章的基本要素齐全，各部分都采用了醒目的小标题，点面结合，分析深入，对学习写作总结的读者具有较强的借鉴意义。

（六）写作要求

1. 坚持实事求是

实事求是是写好总结的基础，也是写总结时应有的态度。

总结需要辩证思维，要从客观实际出发，如实地、一分为二地分析、评价自己的工作。对成绩，不要夸大；对问题，不要轻描淡写。

2. 观点和材料要统一

详细地占有材料，是写好总结的基础；选取有用的材料，深入分析材料，找出规律性结论，是写好总结的关键。总结忌仅仅罗列现象，而应概括出规律性结论，即经验教训；也不要空发议论，而要用材料佐证观点。总之，要把观点和材料统一起来。

3. 总结要用第一人称

用第一人称即要从本单位、本部门的角度来撰写。表达方式以叙述为主，说明为辅，议论适当，可以夹叙夹议。语言要准确、简明、平实，以实事求是的叙事为主，不宜增添抒情性语句。

课后练习

1. 结合自己的具体情况（学习或工作），拟订一份英语四级学习（本部门工作）计划。要求符合计划的基本格式，内容完整，学习（工作）目标、主要措施、时间安排等清楚具体。

2. 以班委（本部门）的名义，拟写一份本班（本部门）的工作总结。

第二节 | 报告与请示

一、报告

（一）概念

报告是用于向上级机关汇报工作、反映情况，回复上级询问的上行文。

在党政机关中，报告的使用范围很广。按照上级部署或工作计划，每完成一项重要工作，一般都要向上级机关报告，汇报工作的基本情况、工作中所取得的经验教训、工作中存在的主要问题以及今后工作的设想等，以取得上级领导部门的指导。报送、报批文件，回答上级查询的问题时，也使用报告。

一些专业部门从事业务工作时所使用的标题中也带有"报告"二字的行业文书，如"审计报告""评估报告""立案报告""调查报告"等与党政机关公文的报告不是相同的概念。这些行业文书不属于党政机关公文的范畴，注意不要混淆。

（二）特点

1. 内容的汇报性

一切报告都是下级向上级机关或业务主管部门汇报工作，让上级机关或部门掌握基本情况并及时对自己的工作进行指导，因此，汇报性是报告的一大特点。

2．语言的陈述性

因为报告具有汇报性，是向上级讲述做了什么工作，或工作是怎样做的，有什么情况、经验、体会，存在什么问题，今后有什么打算，对领导有什么意见、建议，所以行文上一般都采用叙述方法，即陈述其事。

3．行文的单向性

报告是上行文，是上级机关进行宏观领导的依据，一般不需要受文机关的批复，属于单向行文。

4．行文的事后性

多数报告都是在事情做完或发生后，才向上级机关做出汇报，是事后行文，但对项目周期长的工作，也可事中行文。

（三）分类

根据报告的内容和报告的目的，报告可分为以下 3 种类型。

1．工作报告

用来向上级机关汇报工作进展，使上级机关掌握下属工作情况，以便实施有针对性的领导。工作报告既可报告全面情况，又可报告专项工作，前者称为综合性工作报告，后者称为专题性工作报告。

（1）综合性报告

综合性报告是将某单位在一定时期内的全面工作或一个阶段的许多方面的工作进行综合反映的报告。大到政府工作报告，小到员工向上级领导提交的年度工作报告，都属于综合性报告。综合性报告涉及面广，包括工作范围内的方方面面，内容可以有主次的区分，但不能有大的遗漏。例如，各级政府向同级人民代表大会提交的政府工作报告就属于综合工作报告。

（2）专题性报告

专题性报告是某个单位就某项工作或某个问题、某件事情、某项活动向上级机关提交的报告。如汇报某项工作的进程、问题、建议，反映工作中某一具体问题的处理或上级交办工作的办理结果等报告，都是专题性报告，在日常工作中使用较多。

📚 **案例链接**

××学校关于灾后恢复重建工作情况的报告

省教育厅：

××学校在"6·18"特大地震中遭受重大人员伤亡和财产损失，死亡×人、重伤×人，校舍受损达 100%，教学仪器、设施设备严重毁损，为全省受灾最严重的高等院校之一。学校灾后重建方式为"异地重建"，重建校区计划在今年秋季（部分）投入使用，今年年底完成全部主体建筑工程，2019 年上半年完成全部建设任务。现将有关情况报告如下。

一、项目概况

根据省发改委的立项批复及中期规划调整通知，学校新校区选址于××市××镇，占地××亩，建筑面积××平方米，购置教学仪器设备××件（套），购置图书××万册，总投资××万元。

二、新校区建设进展

1．立项和征地拆迁工作情况。学校已完成了立项和环评工作，并根据中期规划调整和选址变化，对《建筑项目可行性研究报告》和《环境影响报告书》进行了修订。土地征用方面，学校完成了新校区土地征用前期经费的筹集，委托××市政府于2016年7月中旬启动征地拆迁工作，现拆迁工作已全部完成，取得了《建设用地规划许可证》和《建设项目选址意见书》。

2．规划设计工作情况。学校开展了新校区规划设计方案征选工作，委托××规划设计研究院对新校区规划设计方案进行了优化和深化，规划设计方案已获××市政府批准。现已完成了工程勘察和施工图设计，并通过了施工图审查。

3．招投标工作情况。学校经××市发改委核准了招标事宜，通过公开比选产生了招标代理公司，通过公开招标产生了施工单位。

4．工程建设进展情况。目前，主体建筑已全部开工，开工率为100%。计划8月完工、满足秋季学生入住的首批工程××平方米的主体建筑情况：1号学生公寓已进入六层楼面施工，2号学生公寓南楼进入六层楼面、北楼进入四层楼面施工，3号学生公寓北楼进入四层楼面、南楼进入二层楼面施工，4号学生公寓进入四层楼面施工，学生食堂进入二层楼面施工，1号教学楼北楼和中楼进入三层楼面、南楼进入五层楼面施工，2号教学楼北楼进入三层楼面、中楼和南楼进入四层楼面施工。其余建筑计划于年底完工，正进行基础施工。附属工程正根据主体建筑进展进行建设。现已完成投资××万元，占总投资的46%，计划今年完成投资额的85%。

三、工程建设中存在的主要困难与问题

1．资金缺口问题。省政府统一按新建校舍2200元和附属设施7000元的标准进行投资控制，学校为异地重建，需投入大量资金进行附属配套设施建设，加之今年钢材价格和人工费大幅上涨，工程建设面临较大的资金缺口。

2．市政配套问题。学校新校区选址区域为农田，供水管网、排水管网尚未建成，供电处于线路末端，而且该条线路已严重超负荷，天然气管道还未铺设，这既增加了学校新校区的建设成本，也有可能成为今年秋季学生入住新校区的重要障碍。

3．工程建设进度问题。由于种种原因，目前一批主体工程建设进度比预定进度滞后6～15天，二批主体工程比预定进度滞后10～25天，施工单位正尽力追赶工期。

针对以上问题，学校将在××市政府和主管部门的支持下，加大协调力度，千方百计保证施工正常进行并加快工程进度。但供电、供气等问题，还需省、市政府支持解决，学校将另文请示。

特此报告。

××学校

2018 年 4 月 20 日

【案例评析】

这是一篇关于灾后重建工作的专题性报告。标题由"发文单位+事由+文种"三要素构成。正文开头部分概述了工作的基本情况，并以"现将有关情况报告如下"引出报告事项；主体部分从项目概况、建设进展、存在的问题 3 个方面，具体报告工作情况。建设进展、存在的问题又以小标题的方式，分条列项进行报告。文章层次清楚、条理明晰。

文章报告了工作中存在的主要问题，但文末又出现"另文请示"的字样，将"报告"与"请示"两个文种分得很清楚，表明此报告旨在让上级单位了解有关情况。全文采用叙述的方式，对进展叙述得较为详细，运用若干数字进行表述，增强了内容的可信度与真实性，便于上级单位准确了解情况。

2. 情况报告

如果本单位出现了正常工作秩序之外的情况，如发生了事故、出现了严重自然灾害等重大情况，应将有关情况及时向上级机关报告。即使对工作没有太大影响，但一些有倾向性的新动态及出现的新事物等，必要时也要向上级报告。作为下级机关，有责任做到"下情上传"，保证上级机关"耳聪目明"，对下面的情况始终了如指掌，这就是情况报告的意义。如果隐瞒不报，则是一种失职行为。

案例链接

关于预防传染病工作情况的报告

××市卫生局：

为了贯彻落实市政府关于预防传染病会议的精神，我中心自 2019 年 7 月 15 日至 2019 年 7 月 20 日，共出动人员 461 人次、车辆 115 台次，到各街道、乡镇开展工作。

现将有关情况报告如下。

1. 认识到位，传达迅速，层层落实责任。……

2. 全面动员，积极行动，防控工作富有成效。……

3. 主动宣传，营造氛围，凸显城管部门执法职能。……

××市疾病预防控制中心（公章）

2019 年 7 月 25 日

3. 答复报告

答复报告即针对上级机关所询问的问题做出回复的报告。这种报告内容针对性强，上级询问什么，就答复什么。对上级机关的询问，一定要重视，要经过深入细致的调查研究再做出答复。

案例链接

关于张××同志职称评定问题的答复报告

××市人民政府办公室：

接市办5月22日查询我单位张××同志有关职称评定情况的通知后，我们立即进行了调查。现将有关情况报告如下。

张××同志是我集团公司二分厂工程师。该同志1962年起曾在××工学院受过4年函授教育，学习了有关课程，但未能取得学历证明。因其缺乏学历证明，在今年上半年职称评定时，根据上级有关文件精神，我单位职称评定委员会决定暂缓向上一级职称评定委员会推荐评定他的高级工程师职称，待其取得学历证明后补办。该同志认为这是刁难，因而向市政府提出了申诉。

接到市人民政府办公室的查询通知后，我集团公司派专人去××工程学院核查有关材料，得到××工学院的支持，正式出具了该同志的学历证明。现在，我集团公司职称评定委员会已为张××同志专门补办了有关评定高级工程师的推荐手续，并向该同志说明了情况。对此，他本人已表示满意。

特此报告。

××集团公司
2018年5月26日

【案例评析】

这是一篇写得较好的答复报告。正文开门见山写接到市人民政府办公室的查询通知以及已进行了调查，这是行文的背景。接着以文种承启语导出主体内容。主体写张××一事的缘由、调查和处理的情况，有理有据。处理结果，尤其是张××本人对处理结果的态度，是上级最关心的内容也是本文的关键，该部分内容简洁明白，可令上级满意。

（四）结构与写作方法

1. 标题

① 由"发文机关名称+事由+文种"组成，如《国务院关于城镇化建设工作情况的报告》；

② 由"事由+文种"组成，如《关于领导班子民主生活会开展情况的报告》。

报告内容紧急，可在标题中的"报告"二字前加"紧急"字样。要特别注意的是，报告无单元素标题，不能只写文种。

2. 主送机关

报告的主送机关只能有一个，如需呈送其他上级机关，可采用抄送的形式。

3. 正文

（1）工作报告的写作方法

工作报告是报告中应用最为广泛的一种，用于向上级汇报工作。根据汇报工作内容的不同，工作报告可分为向上级汇报一定阶段内全面工作情况的综合工作报告和专门汇报某一专项工作情况的专题工作报告。

① 综合工作报告的正文内容主要包括基本情况、主要成绩、体会（经验）、存在的问题、今后的打算等内容。"情况+体会（经验）+问题+下一步打算"是工作报告的一般性公式。由于篇幅相对较长，格式上报告一般采用分条列项的写法。根据需要，上述各部分内容可有所侧重。侧重于汇报情况的工作报告，重在写情况、成绩、体会（经验），少写或不写问题和下一步打算；侧重于反映工作失误和问题的工作报告，重在详写工作失误和存在的问题，要对问题的原因进行分析。叙述情况时尽量使用数字说明和概括性的材料，做到言简意赅。

② 专题工作报告是向上级汇报本机关、单位在一定时期内的常规工作中的某项工作情况，其正文一般包括 4 个部分：一是开展某项工作的基本情况，需简要交代时间、背景和工作完成情况；二是主要成绩和经验体会，陈述开展某项工作所采取的措施和取得的成绩，从所做的实际工作中概括提炼出经验体会，以便指导今后的工作；三是存在的问题，要写出工作中的缺点与不足和应吸取的教训；四是改进建议，要提出今后改进或开展工作的建议。专题工作报告以叙述、说明为主，围绕要向上级汇报的情况，少发议论甚至不发议论，要突出陈述性，把事情交代清楚，充分显示内容的真实和材料的客观。如果涉及的是比较简单的工作，写作时可以依据时间顺序采取纵式写作结构；对比较复杂的工作，可以按照工作内容的性质采取横式写作结构。

参考模板

×××关于×××的报告

×××（主送机关）：

×××× 年，在 ×××× 的正确领导下，在 ××× 的大力支持下，在 ××× 的共同努力下，××× 工作取得了显著成绩。现将 ××× 情况汇报如下。

一、取得的主要成绩

（一）××××××。

（二）××××××。

（三）××××××。

上述成绩的取得，是 ××× 正确领导、大力支持的结果，也是 ××× 上下同心同德、开拓创新的结果。回顾一年来的工作，主要有以下几方面的体会。

二、主要体会（经验）

（一）××××××。

（二）××××××。

（三）××××××。

虽然取得了一些成绩，但同上级要求和先进单位相比还有很大差距，主要存在以下问题。

三、存在问题

（一）××××××。

（二）××××××。

（三）××××××。

四、下一步工作和打算

（一）××××××。

（二）××××××。

（三）××××××。

×××

××××年××月××日

（2）情况报告的写作方法

情况报告应围绕"出现了什么情况，为什么会出现这种情况，怎样防止和应对这种情况"的写作思路展开，正文一般由"情、因、策"3部分组成，即出现了什么情况（情）、为什么会出现这种情况（因）、怎样应对这种情况（策）。这就自然地构成了情况报告所特有的行文思路：陈述情况—分析原因—提出对策（措施或建议）。

第一部分要写"情"，即陈述情况。这部分要报告突发或偶发的某个事件的基本情况，如本地区本单位发生的事故等重大事件，要写明事故的基本情况（事件发生的时间、地点、直接和间接后果等），施救情况和损失情况。本着实事求是的原则，报告的情况要真实准确，不夸大事实、不隐瞒真相，要把事件的原委、性质、看法写清楚，使上级机关比较清楚地了解事件的全貌，为认识问题、解决问题做好铺垫。

第二部分要写"因"，即用议论的方式分析事件发生的原因。析因是情况报告的写作重点，必须分析有据、言之有理，详略得当。介绍情况是为了更好地分析原因，只有把原因分析透彻才可能有针对性地提出解决问题的对策，这是情况报告的关键。

第三部分要写"策"，即提出防止和应对类似情况的对策。应在分析事件发生原因的基础上，提出相应的办法或措施。

结尾部分通常使用较为固定的结语，如"特此报告，请审阅""如有不当，请指正"等。结尾部分应另起一段。

案例链接

××省人民政府关于××市第三棉花加工厂特大火灾事故检查处理情况的报告

国务院：

××××年 4 月 21 日，我省××市第三棉花加工厂发生一起特大火灾事故，烧毁皮革 101980 担，污染 1396 担；烧毁籽棉 5535 担，污染 72600 担；烧毁部分棉短绒、房屋、机器等。造成直接经济损失 20129000 余元，加上付给农民的棉花加价款 3669000 余元，共计损失 23799000 余元。

火灾发生后，虽然调集了本省和邻省部分地区的消防人员和车辆参加灭火，保住了主要的生产厂房、设备，抢救出部分棉花，但由于该厂领导组织指挥不力，加上风大、垛密，缺乏消防水源，火灾蔓延，造成了巨大损失。事故发生后，省委、省政府立即采取紧急措施，安排有关部门负责人赶赴现场，协助调查处理这一事故，做好善后工作。经过上下通力合作，该厂于 4 月 30 日正式恢复生产。

从调查核实的情况看，这次火灾是一起重大责任事故，其直接原因是该厂临时工李××违反劳动纪律，擅自扭动籽棉上垛机上的倒顺开关，放出电火花引燃落地棉。但这次火灾的发生，领导负有重大责任。一是长期以来，厂领导无人过问安全工作。从去年棉花收购以来，该厂有记录的火情就有 12 次，并因仓储安全工作开展不力、消防组织不健全、消防设施失灵等，多次受到通报批评。厂长段××严重丧失事业心和责任感，对火险隐患听之任之，对上级部门的批评置若罔闻，得知发生火灾的消息后，也没有及时赶到现场组织抢救。因此，段××对这次火灾应负主要责任。分管安全生产工作的副厂长张××，其工作不负责任，对该厂发生的多次火情，从未研究、采取措施，对这次火灾负有重大责任。二是××市委、市政府对该厂的领导班子建设抓得不紧。该厂自建厂以来，一直没有成立党组织，班子涣散，管理混乱。这次火灾发生后，分管财贸工作的副市长×××同志，忙于参加商品展销招待会，直至招待会结束才到火灾现场，严重失职，对火灾蔓延、损失扩大负有重要领导责任。三是这次事故虽然发生在基层，但也反映出省政府、××行署的领导，在经济体制改革的新形势下，对安全生产工作中出现的新情况、新问题认识不足，抓得不紧。

另外，近几年来，××市棉花产业发展较快，收购量大幅增加，储存现场、垛距、货位等都不符合防火安全规定的要求。再加上资金缺乏，消防单位编制不足，消防队伍的建设跟不上，消防设施不配套，也给及时扑救、控制火灾带来了困难。

为了认真吸取这次特大火灾的沉痛教训，我们采取了以下措施。

（一）认真学习国务院关于搞好安全生产的有关规定，提高对新形势下搞好安全工作的认识。（具体内容略，下同）

（二）在全省开展安全生产大检查，及时消除事故隐患。

（三）对××市第三棉花加工厂发生的这起特大火灾事故，省政府责成省供销社、省××局、省公安厅会同××地委、行署核实案情，抓紧做好善后工作。

以上报告，如有不当，请指正。

×××

××××年××月××日

【案例评析】

这是一篇情况报告，正文前两段先陈述情况。文章一开篇便点明了时间、地点和事件，作为全文的总起；接着交代损失情况，以一连串数字说明了损失之惨重，突出了事故的严重性。

第二段交代了抢救情况与善后工作，以此为"分析原因"和"提出对策"的依据。第三、四段分析事故发生的原因，从主观、客观两个角度进行了全面深入的分析。接下来以"为了认真吸取这次特大火灾的沉痛教训，我们采取了以下措施"过渡到对策部分。针对这一责任事故及安全生产的某些薄弱环节，说明了已经采取的 3 项措施：其一，建立健全安全生产规章制度；其二，进行安全生产大检查；其三，做好善后工作及进行惩处。文章最后一段，以"惯用结语"作结。全文内容充实，结构严谨，显示了报告的完整性与条理性。

参考模板

×××关于×××的报告

×××（主送机关）：

最近，在×××发生了×××事故。现将情况报告如下。

××××年××月××日，××××××（概述事故情况）。

事故发生后，×××领导十分重视，责成×××立即赶赴现场协同处理，××××××（概述处理过程）。

同时，对事故进行了认真调查。调查认为，这次事故是一起×××事故。酿成事故的直接原因如下：

1．××××××；

2．××××××；

3．××××××。

根据调查结果，对事故责任者进行了处理：

1．××××××；

2．××××××；

3．××××××。

为了认真吸取教训，防止同类事故再次发生，我们采取了以下措施：

1．××××××；

2．×××××××；

3．×××××××。

×××

××××年××月××日

（3）答复报告的写作方法

答复报告是应上级询问而写的报告，一般由缘由、答复事项和结尾语构成。

缘由部分通常分为两种情况：第一种是引述来文作为行文背景，讲明答复的缘由，告知对方本级机关已全面了解上级的询问事项和有关要求；第二种是说明发文缘由，要写明上级机关哪位领导在何时对何问题进行了批示或询问了哪些事项，本机关得知后的反应情况。

答复事项部分是答复报告的核心，要围绕上级询问或批办意见，具体表述有关情况及其原因，简明扼要地陈述处理意见或结果。如上级询问的事项单一，在行文时可以采用篇段合一的形式；如询问的事项较多，或询问的事项虽然不多但要表述清楚却有一定困难时，可采用分层分段或分部分写作的方式逐一进行陈述。

结尾语一般比较简略，多使用固定结语，如"专此报告"或"特此报告"等。

参考模板

×××关于×××的报告

×××（主送机关）：

你××××年××月××日《关于×××》收悉。我××高度重视×××的工作，广泛征求了×××有关部门的意见，认真进行了调查研究。××××年××月××日，我××召开×××会议，进行专题研究。现将结果报告如下：

一、×××××××；

二、×××××××；

三、×××××××。

特此报告。

×××

××××年××月××日

（五）写作要求

1．内容翔实，准确无误

报告的内容必须经过认真调查，确保真实准确，不能弄虚作假。对成绩不夸大其词，对问题也不缩小隐瞒，尤其是典型事例和统计数字一定要精确，不能有虚假成分。这样才有利于上级掌握准确、真实的情况，做出正确的指导和决策。

2. 答复明确，建议合理

对答复性的报告，切勿答非所问，或含糊其辞、回避事实，必须有问必答、有答则明。建议性报告中的建议或意见，忌脱离实际、空发议论，要切合实际、合情合理，便于贯彻执行。

3. 突出重点，详略得当

有些报告的内容较多，写作时应分清主次。写作者应视主旨表达的需要，选择主要的事实材料，进行合理安排和组织，做到突出重点、主次分明、详略得当、条理清晰。

4. 格式规范，语言精练

报告中不得夹带请示事项，需要上级答复批准的，应用请示行文。报告的语言要准确、简洁、朴实、规范。

二、请示

（一）概念

请示是下级机关向上级机关请求指示、批准事项的公文。请示是上行文，只能由下级向上级写请示，上级机关对下级机关，以及平行机关和不相隶属的机关之间，都不能使用请示行文。请示行文的目的非常明确，即要求上级机关对请示的事项做出明确的批复。请示必须在工作开始前行文，得到上级机关批准后才能付诸实施，不可"先斩后奏"或"边斩边奏"。

（二）适用范围

① 上级机关明文规定须经请示方能办理的事项。

② 超出本级职权处理范围，需请求上级批准认可的事项。

③ 因本单位情况特殊，难以执行上级统一规定，需变通办理的事项。

④ 在实际工作中出现新情况、新问题，处理和解决无章可循，有待上级明确批示才能办理的事项。

⑤ 因条件限制，本单位无法进行某项工作，需请求上级给予解决、资助的事项。

⑥ 工作中遇到特殊困难，需要上级给予支持、帮助的事项。

⑦ 涉及现行方针、政策、法令、条令条例、规章制度等方面有待上级明确或具体解释的问题。

⑧ 因本单位领导意见无法统一，某项工作难以进行，需上级明确裁决才能办理的事项。

⑨ 工作中出现特殊疑难问题，本级单位掌握不准，请求上级给予明确的事项。

⑩ 虽在职权范围之内，但因事关全局，本机关无法独立解决，需上级机关帮助协调解决的事项。

凡有明文规定属于本单位职权范围内可自行决定处理的事项，不需另向上级请示。

（三）特点

1. 针对性

只有本机关单位权限范围内无法决定的重大事项，以及在工作中遇到新问题、新情况或克服不了的困难时，才可以用请示行文，请示上级机关给予指示、决断、答复或批准。

2．呈批性

请示是有针对性的上行文，上级机关对呈报的请示事项，无论同意与否，都必须给予明确的批复回文。

3．单一性

请示应一文一事，一般只写一个主送机关，即使需要同时送交其他机关，也只能用抄送形式。

4．时效性

必须事前行文，等上级机关做出答复后才能付诸实施。同时应及时行文，使工作能够及时开展。

（四）分类

1．请求指示的请示

请求指示的请示在下级机关对政策、方针在认识上不明确、不理解，或对新问题、新情况不知如何处理时使用。

2．请求批准的请示

请求批准的请示涉及下级机关限于自己的职权，无权自己办理或决定的事项。

案例链接

××省人民政府关于××山风景名胜区列为国家重点风景名胜区的请示

国务院：

××山风景名胜区位于我省××市××、××两县境内，面积约180平方千米，分××山、××山、××山3个景区，距××市区最近处10千米，最远处50千米，柏油公路直达主峰区，观光旅游的交通十分方便。

据地质考证，6500年前××山所在地是一个大湖泊，由于造山运动，形成红岩绝壁和鳞绚洞穴，构成奇异自然风景。在全世界同类地形中，以××山最为典型，"丹霞地貌"已成为国际地质学名词。现××山景区已开发接待游人的范围为12平方千米，主要景点有87处，山、江、湖兼备，绿化良好，兼有摩崖石刻、寺庵、亭台楼阁等，自然及人文景观丰富。××山南侧的××山景区，是历史上舜帝南巡奏乐之处，内有"三十六石"的奇景；××山西侧的××山景区，是类似××山的奇山异峰，有丹寨幽洞、岩柱等自然景观。

在××山风景名胜区附近，有"金鸡岭""九龙十八滩""古佛岩""南华寺""马坝人遗址"等风景区及名胜古迹，总面积约400平方千米。目前，粤北地区以××山风景名胜区为中心形成了一条重要的旅游线。

根据《风景名胜区条例》，我们对××山风景名胜区进行了资源调查、评价，编制了总体规划。现申请将××山风景名胜区列为国家重点风景名胜区。

请审批。

××省人民政府

××××年××月××日

（五）结构及写作方法

1. 标题

① 由"发文机关名称+事由+文种"组成，如《××学校关于申报建立实训基地的请示》。

② 由"事由+文种"组成，如《关于成立审计部的请示》。

请示的标题不能使用单元素，也不能使用"发文机关+文种"的形式；在表述主要内容时，一般只需使用一个动词，不再使用"申请""请求"等词语，以免语意重复。

2. 主送机关

请示的主送机关只可写一个，即负责受理请示的机关，如需同时送达其他上级机关，可用"抄报"的形式注明。

3. 正文

正文部分是请示的核心内容，一般包括请示缘由、请示事项、要求和落款 4 个部分。

（1）请示缘由

请示缘由是请示事项的基础，也是请示写作的关键环节，它直接关系到请示目的能否顺利实现。要用简明扼要的语言将请示的原因和背景情况或请示问题的依据、出发点及思想基础交代清楚。在写法上，一般采取叙事和说理相结合的表达方式，叙事要精练，说理要透彻。在拟写这部分内容时应确保理由充分且言简意赅，这样才能提高请示的成功率。

（2）请示事项

请示事项是请示的核心内容。在此部分中要将请求上级机关给予指示、批准或批转的具体问题和事项和盘托出，请求上级机关做出答复。要写好请示事项，关键在于两点。其一是明确，即要直截了当。是请求上级机关对某项工作做出指示，还是对处理某一问题做出批准，还是请求批拨资金或物资等，必须明确无误地予以表述。其二是具体，即对请示事项的表述，一定要细致。请求批拨资金，则应写明需要的资金总额，已筹集几何，尚需领导解决多少，切忌运用诸如"大概""左右""或许"等模糊词语表述；请求批拨物资，则应将物资的品名、规格、数量等项目交代清楚。视具体情况，也可提出本单位对解决问题的观点、看法和方案，供领导参考，但应表明本单位的倾向性意见。

（3）要求

要求指向上级机关提出肯定性要求。请示的结尾一般有较固定的结语，以示对上级机关的尊重，惯用语有"妥否，请批复""特此请示，请指示""请批准""请审批"等。要特别注意请示的结语中绝不能出现"报告"字样，以免造成混乱，甚至延时误事，给工作带来不必要的麻烦。

（4）落款

标注发文机关名称及领导签发的日期或公文生效日期。

案例链接

关于交通肇事是否给予被害者家属抚恤问题的请示

最高人民法院：

　　据我省××县人民法院报告，关于对交通事故致被害人死亡，是否给予被害者家属抚恤的问题，我们认为，只要不是由被害者自己的过失所引起的死亡事故，不管被害者有无劳动能力，都应酌情给予其家属抚恤。几年来的实践经验证明，这样做有利于安抚被害者家属。

　　妥否，请批复。

××省高级人民法院（印章）

××××年××月××日

（六）注意事项

① 语言委婉：请示是请求上级办事，因而行文语气要委婉，体现出对上级的尊重。

② 一文一事：如果一文多请，涉及的主管领导、主管部门和经办人员较多，处理的时间会拖得很长，从而影响办事效率。

③ 避免多头：发文机关只能确定一个主送机关。

④ 不得越级：发文机关只能请示其直属上级机关。

（七）报告与请示的区别

① 内容不同：报告属于陈述性公文，请示则属于陈请性公文。

② 目的不同：写报告的目的在于汇报工作、反映情况或回答上级机关的提问，属于告知性上行文；请示的目的在于请求上级办事，求复性目的明确。

③ 行文时间不同：报告可以在工作过程中或工作结束后拟写，而请示只能事前行文。

④ 事项不同：报告可以一文数事，请示则只能一文一事。

⑤ 结语不同：报告的结语往往以"特此报告""以上报告，请审核"作结；请示的惯用结语为"妥否，请批复""以上请示，请审批"等。

课后练习

下面是一则请示，在内容、格式上都有不妥之处，请回答下列问题（单选）。

关于拟建科学馆的请示报告

县政府：

我校是××县××镇的中心小学。学校建筑面积 1.8 万平方米，在校学生、教职工 900 多名。多年来学校的防火设施比较简陋，除简易防火工具外，仅有消防栓 1 处，且因年久失修，达不到喷射要求，一旦发生事故，后果不堪设想。市消防部门多次检查、提出建议，但因缺少资金一直没有按照重点防火单位标准建设。为确保安全，做到常备无患，急需修建地下消防栓 4 处（3 栋教学楼各 1 处，实验室 1 处），需拨款 50 万元（计划附后）。此外，为加强学生动手能力的培养，拟建一座科学馆，急需资金 200 万元（计划附后）。

特此报告，请批准。

××县××镇××小学

2019.7.20

1. 根据公文标题的写作要求，该公文标题存在的主要问题是（　　）。
   A. 缺少介词　　　　B. 缺少事由　　　　C. 事由不明　　　　D. 文种不当
2. 从主送机关来看，该公文存在的问题是（　　）。
   A. 党政机关交叉行文　　　　　　　B. 越级行文
   C. 多头主送　　　　　　　　　　　D. 主送机关不明确
3. 按照公文写作要求，该公文正文的主要问题是（　　）。
   A. 事实陈述不生动　　　　　　　　B. 不符合"一文一事"的要求
   C. 提出要求不具体　　　　　　　　D. 语言不够简洁
4. 该公文结语不规范，正确写法应该是（　　）。
   A. 以上报告，请审阅　　　　　　　B. 以上请示，请批准
   C. 妥否，请批示　　　　　　　　　D. 妥否，请批准
5. 该公文的成文时间不规范之处是（　　）。
   A. 成文时间不准确　B. 写法不完整　　C. 写法不规范　　　D. 成文时间不具体

第三节　通知与通报

一、通知

（一）概念

通知是一种应用广泛的知照性公文，它主要适用于发布、传达要求下级机关执行和有关单位周知或执行的事项，以及批转、转发公文。

通知一般为下行文，有时也是告知有关单位需要周知或共同执行的事项的平行文种。

（二）特点

1. 知照性

通知的主要功能在于知照。所谓知照，就是让受文者知道照办的意思。在实际工作中，通知的知照性是十分明显的。

2. 广泛性

通知是使用频率最高、功能最广的公文种类之一，它既可以用于发布指示，又可以用来批转或转发各级机关的公文，还可以用于各类事项的宣布，可根据具体情况采用。

3. 时效性

通知是针对目前需要办理的事项发布的，所以它有一定的时效要求。随着时间的推移，情况发生了变化，再发通知就没有什么实际意义了，所以时效性是通知的一个显著特点。

（三）作用

在公务活动中，通知起着承上启下、联系内外的作用，既可用于传达上级机关的指示，要求下级机关办理某一事项，也可用于告知下级机关需要知道的事项，因此它起着"传达"和"领导"的作用。另外，它还可以用于批转下级机关的公文，转发上级机关、同级机关和不相隶属机关的公文，起着"桥梁"和"纽带"的作用。

（四）种类

本书将通知分为三大类，即批转、转发、发布性通知，指示性通知和告知性通知。

1. 批转、转发、发布性通知

这类通知主要用于批转下级机关的公文，转发上级机关、同级机关和不相隶属机关的公文以及发布某些行政法规和规章。这种通知一般与批转或转发的文件一起共同构成一个新的文件。

案例链接

中共中央办公厅　国务院办公厅

关于印发《党政机关公文处理工作条例》的通知

中办发〔2012〕14 号

各省、自治区、直辖市党委和人民政府，中央和国家机关各部委，解放军各总部、各大单位，各人民团体：

《党政机关公文处理工作条例》已经党中央、国务院同意，现印发给你们，请遵照执行。

中共中央办公厅　国务院办公厅

2012 年 4 月 16 日

2. 指示性通知

指示性通知用于传达领导或职能部门的指示、意见、规定等事项或向下级单位布置工作。指示性通知的指导性、强制性比较强，下级机关必须遵照执行，不得违反。

案例链接

国务院办公厅关于积极稳妥推进

户籍管理制度改革的通知

国办发〔2011〕9号

各省、自治区、直辖市人民政府，国务院各部委、各直属机构：

近年来，各地区、各有关部门认真贯彻国家有关推进城镇化和户籍管理制度改革的决策部署，努力解决实践中的突出问题，取得明显成效。最近一个时期，一些地方积极探索，又相继推出农村人口落户城镇的政策措施，积累了一些经验，也出现了一些不容忽视的问题。有的地方不顾当地经济社会发展实际情况，片面追求城镇规模城镇化速度；有的地方不分城市类别不顾城市综合承载能力，一味放宽落户城市的条件；有的地方擅自突破国家政策，损害群众切身利益。对这些问题如不高度重视并及时妥善解决，就会严重影响城镇化依法健康有序进行，严重影响经济平稳较快发展和社会和谐稳定，也直接影响户籍管理制度改革的顺利推进。为积极稳妥推进户籍管理制度改革，经国务院同意，现将有关事项通知如下。

一、指导思想和基本原则

（一）以邓小平理论和"三个代表"重要思想为指导，深入贯彻落实科学发展观，适应城镇化发展需要，按照国家有关户籍管理制度改革的决策部署，继续坚定地推进户籍管理制度改革，落实放宽中小城市和小城镇落户条件的政策。同时，遵循城镇化发展规律，统筹推进工业化和农业现代化、城镇化和社会主义新农村建设、大中小城市和小城镇协调发展，引导非农产业和农村人口有序向中小城市和建制镇转移，逐步满足符合条件的农村人口落户需求，逐步实现城乡基本公共服务均等化。

（二）必须立足人口大国的基本国情，充分考虑当地经济社会发展水平和城市综合承载能力特别是容纳就业、提供社会保障的能力；必须尊重农民意愿，切实保障农民合法权益；必须坚持统筹规划，着力完善配套政策；必须坚持分类指导，做到积极稳妥、规范有序。

二、分类明确户口迁移政策

（三）在县级市市区、县人民政府驻地镇和其他建制镇有合法稳定职业并有合法稳定住所（含租赁）的人员，本人及其共同居住生活的配偶、未婚子女、父母，可以在当地申请登记常住户口。城镇综合承载能力压力大的地方，可以对合法稳定职业的范围、年限和合法稳定住所（含租赁）的范围、条件等作出具体规定，同时应当积极采取有效措施解决长期在当地务工、经商人员的城镇落户问题。

（四）在设区的市（不含直辖市、副省级市和其他大城市）有合法稳定职业满三年并有合法稳定住所（含租赁）同时按照国家规定参加社会保险达到一定年限的人员，本人及其共同居住生活的配偶、未婚子女、父母，可以在当地申请登记常住户口。中西部地区根据当地实际，可以适当放宽职业年限的要求；城市综合承载能力压力大的地方，可以对合法稳定职业的范围、年限和合法稳定住所（含租赁）的范围、条件等作出更严格的规定，同时应当积极采取有效措施解决长期在当地务工、经商人员的城市落户问题。参加社会保险的具体年限由当地人民政府制定，报省级人民政府批准。

（五）继续合理控制直辖市、副省级市和其他大城市人口规模，进一步完善并落实好现行城市落户政策。

三、依法保障农民土地权益

（六）农民的宅基地使用权和土地承包经营权受法律保护。现阶段，农民工落户城镇，是否放弃宅基地和承包的耕地、林地、草地，必须完全尊重农民本人的意愿，不得强制或变相强制收回。引导农民进城落户要遵守法律法规和国家政策，充分考虑农民的当前利益和长远生计，不能脱离实际，更不能搞强迫命令。

（七）坚持土地用途管制，不得借户籍管理制度改革突破土地利用总体规划、土地整治规划和土地利用年度计划，严格规范城乡建设用地增减挂钩试点，切实避免擅自扩大城镇建设用地规模，损害农民权益。

（八）禁止借户籍管理制度改革或者擅自通过"村改居"等方式非经法定征收程序将农民集体所有土地转为国有土地，禁止农村集体经济组织非法出让、出租集体土地用于非农业建设，严格执行禁止城镇居民在农村购置宅基地的政策。

四、着力解决农民工实际问题

（九）对农村人口已落户城镇的，要保证其享有与当地城镇居民同等的权益；对暂不具备落户条件的农民工，要有针对性地完善相关制度，下大力气解决他们当前在劳动报酬、子女上学、技能培训、公共卫生、住房租购、社会保障、职业安全卫生等方面的突出问题。

（十）加快社会主义新农村建设，改善农村居民的生产生活条件，推进城乡公共资源均衡配置，逐步实现城乡基本公共服务均等化，使城镇化和新农村建设相互促进、协调发展。尊重农民在进城和留乡问题上的自主选择权。

（十一）采取有效措施，为其他暂住人口在当地学习、工作、生活提供方便。对造成暂住人口学习、工作、生活不便的有关政策措施要进行一次集中清理，该修改的认真修改，该废止的坚决废止。今后出台有关就业、义务教育、技能培训等政策措施，不要与户口性质挂钩。继续探索建立城乡统一的户口登记制度。逐步实行暂住人口居住证制度，具体办法由公安部会同有关部门研究制订按程序报批后实施。

五、切实加强组织领导

（十二）户籍管理制度是一项基础性社会管理制度。有关改革事关人民群众切身利益、经济平稳较快发展和社会和谐稳定。各地区、各有关部门要从全局和政治的高度，充分认识做好这项工作的重要性、复杂性，切实把思想和行动统一到国家的决策部署上来，加强领导、周密部署，严肃纪律、落实责任，切实抓好国家有关户籍管理制度改革各项政策措施和工作部署的落实。

（十三）国家基本户籍管理制度属于中央事权，地方在国家确定的基本户籍管理制度的原则和政策范围内，结合本地实际进行探索、制定具体措施。各地要按照国家有关户籍管理制度改革的政策要求和统一部署，统筹规划、扎实推进，不得各行其是、有禁不止；要对已出台的有关户籍管理制度改革的意见加以清理，凡与本通知精神不一致的，要立即停止执行；要认真做好新旧政策措施的衔接，防止引发不稳定问题。

（十四）公安部要会同有关部门进一步加强对各地落实国家有关户籍管理制度改革的政策措施进行指导和监督。各地区、各有关部门要将执行本通知的情况报国务院。

国务院办公厅
二○一一年二月二十六日

3．告知性通知

告知性通知在传达告知需要下级机关、同级机关或不相隶属机关知道或办理的事项时使用。涉及事项如机构、人员变动、启用印章、召开会议、人事任免等。

注意在给不相隶属机关发通知时，一般采用"函"的形式。

案例链接

关于开办公文处理和公文写作高级研修班的通知

为认真贯彻执行《党政机关公文处理工作条例》提高有关领导和办公室人员公文处理和公文写作能力，更好地适应办公室工作规范化、制度化、科学化的新要求，我中心经与××市委办公室商议，拟自2019年4月起连续在××市开办高级研修班，现将有关事项通知如下。

一、研修主题

办公室公文处理和公文写作规范化。

二、主要内容

1．《党政机关公文处理工作条例》专题讲座。

2．公文处理规范化。

3．公文写作规范化。

4．当前秘书工作发展的形势、任务和要求。

5．现代秘书工作网上办公。

三、开班时间

第一期：2019年4月23日—4月27日。

第二期：2019 年 5 月 21 日—5 月 25 日。

第三期：2019 年 6 月 25 日—6 月 29 日。

四、参加人员

1．各级党委、政府办公厅（室）有关领导及文秘工作人员。

2．国有大型企业办公室领导及文秘工作人员。

3．事业单位、社团组织办公室领导、文秘及业务人员。

五、主讲教师

1．党政机关有关公文写作、公文处理的领导与专业人员。

2．相关高等院校、研究机构专门从事公文教学和研究的教授。

六、费用标准

1．培训费 600 元/人，主要用于授课费用、教学场地租金、教学器材、教材费用及其他会务支出。

2．食宿统一安排，费用自理；教学实习自愿参加，费用另收。

七、报到地址

×××秘书科学技术研究中心。

联系人：×××。

电　　话：×××-××××××××。

附　　件：全国公文处理和公文写作高级研修班报名回执表（略）

×××秘书科学技术研究中心办公室

2019 年 3 月 10 日

（五）结构与写作方法

不同类型通知的结构与写作方法各有不同，通知一般由标题、主送机关、正文、落款 4 个部分组成。

1. 标题

通知的标题由"发文机关+事由+文种"构成，批转、转发、印发性通知的"事由"则由"批转、转发或印发+被批转、转发和印发的公文名称"组成。具体有以下 4 种形式。

① 全结构式标题，即"发文机关+事由+文种"三要素齐全，如《教育部关于印发〈普通高等学校思想政治理论课教师队伍培养规划（2019—2023 年）〉的通知》。

② 省略发文机关，由"事由+文种"组成，如《关于印发〈上海市中小学艺术工作管理办法〉的通知》。

③ 只有"通知"二字，适用于事由简单、发送范围小的事务性通知。

④ 根据特殊情况和要求，在文种前添加表示范围、紧急程度的词语，如《补充通知》《紧急通知》《关于进一步加强学生安全教育和管理的紧急通知》等。

2．主送机关

通知的主送机关一般比较广泛，有两种写法。其一是将主送机关全部写上，但要注意各主送机关排列顺序的规范性。其二是普发性的通知宜采用抽象概括的写法，用顿号与逗号区别主送机关的类别，如"各省、自治区、直辖市人民政府，国务院各部委、各直属机构"。有时公开发布的通知可不写主送机关。

3．正文

通知的正文由通知缘由、通知事项、执行要求 3 个部分组成。但通知的种类不同，正文的写法也各不相同。

（1）指示性通知

指示性通知的缘由部分通常包括发文背景、依据、目的等，然后以"特作如下通知"或"特通知如下"转入通知的内容。事项部分大多采用分条列项的写法，写明通知的具体事项，包括工作任务、基本措施、原则与要求、注意事项等，使下级机关一看就知道要解决什么问题、为什么要解决这些问题、采取什么措施解决这些问题、解决问题应达到什么样的目标等。结尾可不写，或以"特此通知"等惯用语结尾。

（2）批转、转发、发布性通知

这类通知的正文十分简单，一般包括批转、转发的对象，批转、转发决定，以及执行要求等内容，有时需阐述批转、转发的意义、背景等，或者对批转、转发对象进行评价。被批转、转发的公文为通知的"附件"。向下级机关批转、转发公文，一般用"参照执行""遵照执行""研究执行""认真贯彻执行"等惯用语。

（3）告知性通知

告知性通知交代清楚告知的事项和信息即可，不作评价或阐述，也不需要写执行要求和措施。任免通知只需写明任命什么人担任什么职务，免去什么人的什么职务即可，必要时写明任免依据。会议通知应写明召开会议的时间、地点以及会议的名称、会议的中心议题和主要程序、对与会人员身份的要求、对与会人员会前准备工作的要求、报到时间地点及联络人、其他需要事先说明的事项等，结尾常写"特此通知""望准时出席"等惯用语。

4．落款

正文右下方写明发文机关名称和发文日期。

（六）写作要求

1．明确目的

通知的用途很多，只有明确写作目的，弄清行文关系，才能准确把握通知的语言风格和具体格式。

2．突出重点

大多数通知都有指示性特征，写作时应把道理讲清楚，使任务明确、措施具体，便于受文者理解和执行。

3. 条理清楚

通知的具体事项、执行时间与要求等，都应用语简洁、表述准确，应分条列项交代清楚，以提高执行效率。

二、通报

（一）定义

通报是用于表彰先进、批评错误、传达重要精神或告知重要情况的公文。通报的作用在于沟通情况、交流信息，使有关单位和人员认清形势，统一思想认识，以便更好地推进工作。

（二）特点

1. 题材的典型性

通报的题材，不论是表彰性的、批评性的，还是通报情况的，都要有典型性。典型性即能够反映和揭示事物的本质规律，具有广泛的代表性和鲜明的个性。只有广泛性没有个性，不能给读者以深刻印象；只有个性没有广泛性，则缺乏指导价值。

2. 思想的引导性

通报的内容，不论是肯定性的，还是否定性的，其价值都不仅仅在于宣布对事件的处理结果，而是要树立学习榜样或提供借鉴，使读者能够总结经验、吸取教训，在思想上受到启迪、得到教益。

3. 制发的时效性

通报所涉及的事实比较具体，写作时对发生的时间、地点等要素都要进行交代，而且这些具有典型意义的事件，总是跟特定的时代背景，或跟某一时期普遍存在的问题和现象有着紧密的联系，因此，通报的写作和传播都应该是迅速及时的，否则，随着客观情况的变化，题材将失去典型性。

4. 使用的严肃性

通报的内容和形式都是严肃的。无论是表扬、批评还是通报情况，都是针对真人、真事和真实情况而制发，代表一级组织的意见，影响面较广，因而需要十分慎重、严肃。

（三）通报与通知的区别

通知与通报都属于告知性公文，都要求有关部门和人员了解公文内容或配合行动，但二者又有明显的区别。

1. 发文目的不同

通知的目的在于让受文对象（受众）知道做什么、如何做、有何要求；而通报的目的是让受文对象（受众）了解发生了什么事、哪些事是值得提倡和发扬的、哪些事是应受到否定和批评的、哪些问题应该提前预防等。

2. 内容不同

通知的内容侧重于布置任务和提出要求，而通报的内容侧重于对事件情况进行说明，表明作者的态度，既可以提要求，也可以不提要求。

3. 受文对象（受众）不同

通知的受文对象（受众）是与通知内容有直接关系的单位和个人，而通报不仅发给与通报内容有直接关系的单位和个人，也会发给那些与通报内容相关但无直接关系的单位和个人。

（四）分类

根据文章的内容，通报可分为以下 3 类。

1. 表彰性通报

表彰性通报指用来表彰先进单位和个人、介绍先进经验或事迹，总结经验，树立典型，号召大家学习的通报。

表彰通报的正文主要包括介绍先进事迹、宣布表彰决定、分析先进思想、指明如何向先进学习这 4 个层次。其中介绍先进事迹要简明扼要，突出最主要、最感人的部分；宣布表彰决定部分，只要说明给予怎样的奖励即可；分析先进思想是写作的难点，要避免一般化，要结合当前形势，着重分析先进人物的先进思想；指明如何向先进学习这一部分则要结合形势、切合实际，不可太空泛。

案例链接

××省化工总公司党委关于授予张××"优秀共产党员"荣誉称号的通报

各分公司党委、总公司党委各部门、各直属机构：

张××同志是××分公司所属××化工厂管道维修工人，共产党员。今年 5 月 12 日上午 8 时 30 分，该厂成品车间后处理工段油气管道突然爆炸起火。正在利用公休日清理夜间施工现场的张××被爆炸气浪猛烈推倒，头部、右臂和大腿等多处受伤，鲜血直流，鞋子也被甩出很远。在这危急关头，张××强忍剧痛，迅速爬起来，顾不得穿鞋和查看伤势，踩着玻璃碎片，冲入烈火之中，关闭了喷胶阀门、油气分层罐阀门、蒸汽总阀，接着先后用了 10 多个干粉灭火器扑救颗粒泵等处的大火。随后，保安人员赶来援助，他们共同英勇奋战，最终将大火全部扑灭，避免了火势的蔓延。

张××同志在身体多处受伤、火势凶猛并随时可能发生更大爆炸的万分危急关头，将个人生死置之度外，果断处理突发事件，为遏制火势蔓延、防止事故扩大、减少国家财产损失做出了突出的贡献。他的行为体现了为保护国家财产和人民利益而置个人安危于度外的崇高精神品质，谱写了一曲保持共产党员先进性的正气之歌。

为了表彰张××的英雄行为和崇高的革命精神，总公司党委研究决定：授予张××"优秀共产党员"荣誉称号，将张××奋力灭火的英勇事迹通报全公司，晋升二级工资，并为其颁发灭火奖励 10000 元，以资鼓励。

希望各分公司党委、各直属机构组织广大共产党员和干部职工以张××为榜样，落实安全生产责任，努力做好本职工作，为化工行业的改革与发展做出更大的贡献。

××省化工总公司党委（印）

2020 年 7 月 8 日

2. 批评性通报

批评性通报指用来批评错误、通报事故或用反面素材进行教育，要求被通报者和广大干部群众引以为戒的通报。

批评通报有错误通报和事故通报两种，用于批评犯错误的个人或群体，以典型错误或重大事故警示有关人员、教育干部群众。批评通报的正文由批评根据、错误事实（事故概况）、处分决定、对错误（事故）性质的分析和善后办法等内容构成。其中批评根据是说明为什么要对这种错误进行处分并公开批评，要把有关政策、规定交代清楚，使被批评者和群众都认识到批评是严肃的、有理由的；错误事实要说得准确、扼要，不要纠缠具体细节；处分决定要恰如其分，并与错误事实和错误性质相符；对错误（事故）性质的分析要着重于错误（事故）已经带来或可能带来的恶劣后果；善后办法应指明被批评者或其他部门及群众应该如何吸取教训，改进工作，避免类似错误（事故）的发生。以上 5 个部分，除善后办法应放在最后外，其余 4 个部分孰先孰后、详略安排，可根据实际需要决定。

案例链接

关于批评×××科技有限公司和×××计算机系统有限公司的通报

工信部电管函〔2018〕×××号

×××科技有限公司、×××计算机系统有限公司，相关互联网信息服务供应者：

近日，×××科技有限公司和×××计算机系统有限公司（以下简称两公司）在互联网业务发展中产生纠纷，采取不正当竞争行为，甚至单方面中断对用户的服务，影响了用户的正常业务使用，引起用户不满，造成了恶劣的社会影响。事件发生后，工业和信息化部高度重视，会同相关部门及时了解情况，平息争议，坚决维护用户合法权益和市场秩序。经研究，现对两公司通报批评，并对两公司及相关互联网信息服务提供者提出如下要求。

一、责令两公司自本文件发布 5 个工作日内向社会公开道歉，妥善做好用户善后处理事宜。

二、责令两公司停止互相攻击，确保相关软件兼容和正常使用，加强沟通协商，严格按照法律的规定解决经营中遇到的问题。

三、我部将依据职权，会同相关部门对两公司涉嫌违反相关法律规定的行为进行进一步调查处理，责令两公司做好配合工作。

四、责令两公司从本次事件中吸取教训，认真学习国家相关法律规定，强化职业道德建设，严格规范自身行为，杜绝类似行为再次发生。

五、相关互联网信息服务提供者要引以为戒，遵守行业规范，维护市场秩序，尊重用户权益，共同促进互联网行业健康、稳定、持续发展。

工业和信息化部
××××年××月××日

3. 情况通报

情况通报指在一定范围内传达重要精神和情况，以指导有关工作为目的的通报。

案例链接

市人才中心关于人才市场供需情况的通报

各人才市场：

根据市人事局制定的人才市场供求信息定期发布制度，我中心在汇总统计全市人才市场供求信息及相关数据后，特将 2019 年 1 月—5 月人才市场供需情况通报如下。

目前本市人才市场总体供求比为 2.96:1，我市人才市场总的供给量基本能满足市经济社会发展的需要，各单位通过市场选择人才的空间基本合理，但也有一些专业择业竞争比较激烈。需求排名前 20 位的个别专业供需矛盾突出，如广告、国际贸易等专业的供求比大约达 7:1；计算机软件专业的供求比为 1.8:1，也就是要 1.8 个人争 1 个职位。

求职专业数量排名前 20 位的是会计、机械与仪器仪表、计算机软件、广告、土建、计算机网络、国际贸易、中西医、翻译、计算机硬件、市场营销、财政、行政管理、电子工程、信息工程、化工与制药、房地产经营管理、通信工程、保险、人力资源管理。

招聘专业数量排名前 20 位的是计算机硬件、信息工程、土建、市场营销、保险、机械与仪器仪表、行政管理、中西医、轻工粮食产品、广告、会计、人力资源管理、企业管理、市场管理、计算机软件、饭店管理、中等职业教师、计算机网络、翻译、国际贸易。

职位需求专业经归并后，共涉及 53 个专业。职位需求排名前 20 位的专业的需求人数基本都超过 5000 人。供求信息资料显示，进入人才市场的人员，本科学历人员占 57.71%，大专及以下学历人员占 32.13%，本科以上学历人员偏少，占总量的 10.16%。但是，有一些热门的招聘专业出现了需求的学历层次逐渐上升的趋势，求职人员的学历不能适应招聘的需要。

中心要求，各人才市场中介服务机构要继续做好提供供求信息及相关数据的工作，使定期发布的情况通报成为人才供求情况的晴雨表。

××市人才中心
2019 年 7 月 26 日

（五）结构与写作方法

通报由标题、主送机关、正文、署名和成文日期组成。

1. 标题

通报的标题一般有两种形式。

① 发文机关+事由+文种，如《京城公司关于表彰 2014 年度业绩突出部门的通报》。

② 事由+文种，如《关于傅国柱同志先进事迹的通报》。

有时在不太重要的通报中可省略发文机关和事由，只写"通报"二字。

2. 主送机关

正式发文的通报，应书写主送机关。主送机关应为下级机关，可以是一个，也可以是多个。

3. 正文

通报正文的构成为发文缘由+通报事项+分析+（决定）+号召要求。

① 发文缘由部分一般要求写出通报的背景、意义或根据、基本情况以及对此事的态度。这部分是正文的"帽子"，不一定每篇通报都有"帽子"，也不一定每段缘由都要写全上述项目，这要根据实际行文来确定，有的通报直接从通报事项开始。

表彰通报的发文缘由构成是"背景+意义"，情况通报则需在发文缘由中书写"根据"。需要注意的是，在缘由部分，只能高度概括事项提要，不可展开书写，否则会与下文的"通报事项"重复。

② 通报事项部分或写表彰事迹，或写事故事实与事故经过，或写重要情况，这是正文的主体。通报的目的是告知事实，使人们知道怎样去做，因而这部分要详写。

表彰通报与批评通报都要求写明事情发生的时间、地点、当事人或单位、事情经过、结果。表彰通报要抓住主要的先进事迹，批评通报要抓住主要的错误事实或事故过程，情况通报要抓住主要的情况或事实，使人们了解事实本身。

通报事项有两种写法，一种是直述式，另一种是转述式。直述式是将通报事项直接写入正文的方式。转述式则是以某种文件或材料为基础进行叙述的方式，其通报事项不在正文，而在附件中。所以，转述式通报应有附件，附件应有事项的详细记载。转述式通报一般只写明转发的附件名称。

③ 在分析部分，对先进人物、典型事迹，应表明其代表的积极倾向，指出其意义，以激励先进、督促后进；对于单一的错误事实，要对错误的性质、危害进行分析，一般都写得比较简短。

对于综合性的不良现象或问题，分析要系统。主要采用议论的写法，要注意文字的精炼，措辞要有分寸感，不能出现过誉或贬低的现象。分析不在于长，而在于自然中肯，鲜明简洁，具有说服力。写分析时，切忌脱离通报事项本身借题发挥。

④ 决定是对表彰或批评的典型进行嘉奖或惩处的措施。表彰通报与批评通报均须运用决定

形式表达上级机关的意见，而情况通报一般没有决定内容，所以不需要设置决定部分。

⑤ 号召要求部分对表彰通报来说，是激励人们学习先进典型；对批评通报来说，是重申某一方面的精神或纪律，要求人们引以为戒；对情况通报来说，是提出指导性意见，以指导全局工作。这部分应根据不同的通报内容，向不同的对象提出号召要求。

以上为通报正文的结构与写法，需要说明的是，这是通报内容大致的排列顺序。在具体写作中，一些通报会调整上述项目的排列顺序，如先说"决定"再"分析"；或者略去某个项目，如略去"缘由"或"号召要求"等。

4．署名（略）

5．成文日期（略）

（六）写作要求

1．事实典型可靠

无论哪一种通报，都应有普遍指导意义，选取的人和事都应具有很强的典型性，并认真核准其中的各项事实，绝不允许虚构杜撰。

2．把握好时机

通报的制发要选取合适的时机，注意与本机关本单位的工作全局相协调。一旦错过时机，就难以达到预期的效果。

3．态度要严肃

无论是表彰性通报还是批评性通报，都涉及对人和事在一定程度上的定性问题，写作时态度要严肃，用语要慎重、准确，以免影响通报的质量和效果。

课后练习

1．指出下文存在哪些问题并修改。

危难时刻显大爱

——关于××县卫生局员工见义勇为事迹的通报

今年 2 月 10 日上午 10 点多，××县卫生局员工××正和儿子在儿童公园游玩。忽然，他听到不远处的×××湖传来呼救声，×××于是飞奔到××湖畔，原来有一男孩不慎落水。×××来不及多想，只想到他应该救起落水男孩，于是就脱掉大衣，跃入水中。二月的北方，水凉得刺骨，但他没有想到个人安危，他心中只有一个念头：救孩子。一次、两次、三次，经过与寒冷的湖水搏斗，×××终于把落水儿童救到岸上，孩子得救了，而×××昏迷了三天三夜。目前，经过抢救，×××已经脱离了生命危险。

×××真是新时期最可爱的人，他的精神是多么值得人们学习！在生与死的关键时刻，×××为抢救落水儿童，不顾个人安危，临危不惧，不怕牺牲，表现了热爱祖国、热爱人民的无私精神。希望各单位职工向×××学习，发扬其见义勇为、不怕牺牲的精神，为搞好各项工作做出更大的贡献。

×××县卫生局

2020 年 3 月 2 日

2. 阅读下文，回答文后的问题。

通知

①"停车坐爱枫林晚，霜叶红于二月花"。②为保证香山"红叶节"期间香颐路交通畅通，北京市公安交通管理局决定。③10 月 15 日—11 月 15 日，凡前往香山的各种型号的进口国产大小汽车，其单位和个人均需提前 3 日到北京市公安交通管理局办理通行证。④无通行证车辆请绕行昆明湖南路。⑤北京市公安交通管理局 2019 年 10 月 5 日。

请回答以下问题。

① 格式不正确的一处是（写序号）。

② 不符合应用文语体、应删除的一处是（写序号）。

③ 语言不简明的一处是（写序号）。

④ 运用正确的文种，将此文改写为一篇格式规范、事项明确的公文。

第四节 | 会议纪要

一、会议纪要的概念

会议纪要是记载和传达会议情况和议定事项的一种文种。会议议定事项是本地区、本系统、本单位开展工作的主要依据。

二、会议纪要的特点

（一）摘要性

会议纪要是在会议记录的基础上，围绕会议的主要内容，摘录重要主题、信息和观点，经过加工、整理、提炼和概括形成的。

注意，加工指根据文字表达需要对信息进行适度的增减、补充，但不能改变原始观点和内容且须经会议主持人审核确认。

（二）纪实性

会议纪要的内容必须真实反映会议召开的情况和讨论、议定的事项，不可擅自发挥、随意增减核心观点和内容。

（三）约束性

会议纪要属于公文范畴，是一定范围内的正式文件，一经主要领导签发，就具有法律效力，即可成为指导解决问题、贯彻落实会议精神与检查具体工作的重要依据。

三、会议纪要的结构与写作方法

会议纪要的结构与写作方法因会议内容与类型的不同而有所不同。总体而言，会议纪要一般由标题、正文、结尾和落款组成。

（一）标题

会议纪要的标题有单标题和双标题两种形式。

1. 单标题

单标题由"会议名称+文种"构成，如《××办公会纪要》《A 市环境污染整治专题研讨会纪要》《B 市经济工作会纪要》。

2. 双标题

双标题由"正标题+副标题"构成。正标题揭示会议主旨，副标题标示会议名称和文种，如《聚焦应用 创新驱动——C 省应用型高校创新改革交流研讨会纪要》。

（二）正文

会议纪要的正文由导言和主体构成，具体写法要根据会议内容和类型来定。

1. 导言

导言主要概述会议基本情况，内容一般包括会议时间、地点、参会人员、主持人和会议议程（或主题内容）。办公会议属于例会，导言一般写得比较简略。其他会议的导言则应介绍会议召开的目的、时间、地点、参会人员、主要内容及会议成果。

2. 主体

主体是会议纪要的核心内容，主要表述会议的主要情况和议定事项，常见的写法有以下 3 种。

① 条文式：按议题事项写，即把会议议定的事项分点，以条文的表现形式写出。一般办公会议、工作例会多采用此种写法。

📚 案例链接

某高校校长办公会纪要

议题×：关于审议"科技成果转化管理暂行办法"的议题

审议结果：通过。会议强调，科技成果转化收益要设立专户，专利转化收益纳入专利基金按规定使用，项目及其他转化收益统一纳入项目基金按规定使用。

会议要求，×××尽快完善"科研奖励管理办法""技术合同管理办法"等配套制度。

×××修改相关条款后报法务部门进一步审核，按规定程序签发。

办公会对固定的议题逐个审议，上述对"科技成果转化管理暂行办法"议题的审议，重点关注对"收益"的处理，并提出了修改意见，根据会议主持人对议题审议情况的总结，形成最终纪要。

【案例评析】

条文式纪要内容明确，主要围绕核心议题发表审核意见，重点关注的结果是会议主持人对议题审议的总结内容。

② 综述式：按问题写，即将会议上所讨论、研究的问题整理成若干部分，每个部分写一种主题的内容。一般研讨会、经验交流会、座谈会纪要多采用此种写法。

③ 摘记式写法：即摘记与会人员发言要点。一般在摘记发言人的首次发言时，在其姓名后面用括号注明发言人的部门（或单位）、职务等必要信息。有时为清晰掌握发言重点内容，可根据会议议题（或主题），在发言人前冠以小标题。这种写法能客观反映与会者的主要观点。

案例链接

××学院学生思想状况分析座谈会纪要

时间： ××××年××月××日下午

地点： 本院小会议室

主持人： 主管政治思想教育工作的副院长×××

出席者： 各系党总支书记、政治辅导员、班主任、学生会委员。

现将座谈会情况纪要如下。

一、×××（副院长）传达了省教育厅领导关于要认真加强学生政治思想工作，注重分析当前学生的思想状况的讲话精神。其后，××（副院长）对学生的思想状况做了分析，认为当前学生的思想状况总体是健康的、向上的，但也存在一些较突出的问题，如……

二、×××同志（人文系党总支书记）指出，当前青年学生的思想比较活跃，愿意思考问题，这是学生的主流，但当前部分学生也存在比较严重的拜金主义，重技能轻理论、重实用轻人文的倾向。

三、×××（班党支部书记）在汇报学生思想状况时，指出有些同学在思想上没有处理好学习与兼职的关系，严重影响了学习成绩。

四、×××同志（经贸系政治辅导员）谈到个别学生存在怕露贫而不愿申请经济困难补助的心理。

×××强调，进一步做好在校大学生的思想政治工作，要坚持突出"一个中心"，即明确思想政治工作的目的是立德树人，为国家培养担当民族复兴大任的时代新人。要切实抓好"两个安全"，即政治安全和人身安全。各学院和各有关职能部门要强化教育引导，牢牢把握意识形态工作的主导权，积极开展安全隐患排查……

【案例评析】

这是一则摘记式会议纪要，摘录了与会者符合会议中心的发言要点。这种写法最大的特点是对具有典型性、代表性的言论进行整理，按一定的顺序将其排列成文。这种写法能较真实地反映会议的讨论情况和与会人员的意见。

3. 结尾

结尾通常是会议主持人对会议的总结、提出的要求等，也有的会议纪要无专门结尾。

4. 落款

落款处应注明会议起草部门（或单位）、成文日期（一般为会议主持人签发时间）、加盖公章。

四、重点、难点解析

会议纪要与会议记录有以下不同之处。

（一）性质不同

会议纪要主要记述要点，是对会议召开整体情况的高度概括与提炼，属于法定公文；会议记录是将会议召开过程原原本本地记录在案，是讨论发言的实录，属于事务文书。

（二）功能不同

会议纪要一经会议主持人审核签发，就会在一定范围内公开传达或传阅，要求贯彻执行；会议记录一般不予公开，无须传达或传阅，只作为整理会议纪要的本稿、存档资料。

下面这则案例是某高校召开行政效能提升座谈会的会议记录和会议纪要。

案例链接

会议记录如下。

时间：20××年××月××日

地点：×××会议室

参会人员：×××、×××、×××、×××、×××

主持人：×××（职务）

会议主题：行政效能提升座谈会

会议主持人：今天召集大家开一个关于学校行政效能提高的座谈会，主要是就当前各部门集中反映的物资采购、财务报销、办事效率3个方面存在的问题，听听大家的建议。下面各位逐个谈谈自己的看法。

A负责人： ×××好，下面我就我们院碰到的几个问题谈一谈。在采购方面，去年我们就申请采购了一台××设备，到现在也没有下文……

……

B负责人： 我们××教研室采购一台××设备，填的物资申请单要找七八个人签字，有时候还找不到人，审批单就搁置了，整个流程走下来就要花大半个月时间……

……

C负责人： ……

上述就是对会议现场情况的翔实记录，原原本本地记录下了每个发言人的内容。

整理成会议纪要如下。

一、物资采购存在的问题及改进建议

（一）物资采购申请审批程序烦琐、周期长

主要问题

1．采购审批流程复杂，采购流程涉及 8 个单位的审批，严重影响采购进程。

2．采购周期长，审批、采购、招投标、实施、安装耗时太长。

3．……

整改建议

简化审批流程，适度下放审批权限。对一般性低值易耗品、临时性急需物品，即在预算内且金额在×××元以内的物品，由院系直接审批采购。

案例链接

×××行政效能提升座谈会纪要

20××年××月××日下午，校领导×××在×××会议室主持召开学校行政效能提高座谈会，各院系主要负责同志，资产、财务、校办、教务处等相关部门负责人参会。会议就当前学校物资采购、财务报销及相关职能部门的办事效率等方面内容进行座谈交流，指出了问题，提出了改进建议，现将主要内容记录如下。

一、物资采购存在的问题及改进建议

1．物资采购申请流程长

主要问题

（1）物资采购申请审批程序烦琐、周期长。

（2）采购审批流程复杂，采购流程涉及 8 个单位的审批，严重影响采购进程。

（3）采购周期长，审批、采购、招投标、实施、安装耗时太长。

（4）……

整改建议

简化审批流程，适度下放审批权限。对一般性低值易耗品、临时性急需物品，即在预算内且金额在××××元以内的物品，由院系直接审批采购。

2.物资采购职责不明

主要问题

采购设备时，在采购方案及审查技术参数、规格、标准等方面的分工不明确。

整改建议

常规设备，由采购部门提供备选方案供需求部门选择；专业性较强的设备，由需求单位提供详细的技术参数、规格等数据。

......

二、财务报销存在的问题及改进建议

1.财务报销系统操作复杂

主要问题

（1）××系统类别信息过于复杂，项目明细与预算明细无法完全对应。

（2）PC端无法及时审批紧急报销申请。

整改建议

简化项目和类别明细，明确报销范围；开发手机客户端等移动办公工具。

2.借款流程烦琐

主要问题

略

整改建议

略

三、相关职能部门办事效率等方面存在的问题及改进建议

1.缺少跨部门（交叉）事项工作机制

主要问题

（1）各部门职责分工不明确，院系的某项工作无法及时对接。

（2）同一类事情，多个部门重复下文，缺少牵头部门和统一工作机制。

整改建议

明确职责分工，下发各部门；建立健全协调工作机制。

2.信息公开不及时

主要问题

略

整改建议

略

……

四、下一步整改落实工作计划

校领导×××在会议总结时指出，本次座谈会召开得很成功，大家畅所欲言，有针对性地指出了问题、提出了建议，对学校行政效能提升具有很好的促进作用。同时，他强调，对于院系提出的建议，有些可以立即改进；有些需要研究后才能改进（如系统开发）；有些是无法改进的（如原则规定的事项）；有些需要大家设身处地、换位思考来共同考虑。对涉及原则性的问题，各系部领导要做好对师生的解释。

下一步安排

（1）由××部门牵头制定整改计划安排表，于××月××日前完成。

（2）征求整改计划意见，于××月××日前完成。

（3）召开第二次会议，确定计划并下发执行，于××月××日前完成。

【案例评析】

这是一则某高校行政效能提高座谈会的会议纪要，采用综述式写法，是前述 3 种纪要写法中比较难的一种。与会人员围绕物资采购、财务报销、办事效率等方面讨论了存在的问题并提出相应的建议，该纪要对每位发言人所讲的内容进行了整理、归类和提炼，分别概括出 3 个方面存在的问题与改进建议，通篇逻辑清晰、内容明确、言简意赅，真实反映了会议召开的整体情况和会议结果。

第五节 | 规章制度

一、规章制度的概念

规章制度是章程、条例、规定、办法、制度、规则、守则、细则、公约、须知等的总称，是国家机关、企事业单位为加强对某项工作的管理而制定的要求有关人员共同遵守的行为准则。

规章制度是一种使用范围十分广泛的应用文体，它是实现程序规范化、职责制度化、质量最优化、管理科学化的重要保证。它具有强制性、规范性和程序性等特点，是上至国家领导机关，下至基层、企事业单位常用的管理手段。因此，各相关单位都把建立和健全各种规章制度当作本单位的基础工作来抓。

二、规章制度的特点

规章制度的内容是作者单方面意志的体现，其规范作用的成立与实现不以对方是否同意为前提条件，具有极强的强制约束力，其效力所及的时间、空间、人员范围主要取决于作者的权限。规范的内容，即使是由下级机关制发的法规和规章，规定范围内的上级机关也同样受其约束。只要上级没有动用法定权力撤销或废止，文件对其行为具有同样的法律约束力。这是"法律制度面前人人平等"的精神体现。

规章制度所针对的问题是反复多次适用的、涉及多数人而非少数人的、一般的普遍性问题。这就是说，首先，规章制度所规范的对象，具有反复发生、重复出现的性质，只有具备这种性质的事物才需要规范，才有规范的可能。规章制度必须是在总结以往事物规律的基础上制定的，没有反复发生、重复出现，也就无法总结规律从而形成规范；没有反复发生、重复出现性质的事物，也不需要进行统一规范。其次，规章制度不是一次性有效的，而是反复适用、长期有效的，只要文件没有被宣布撤销或废止，就一直有效。最后，规章制度所指向的是具有普遍性的、与多数人相关的问题，是"就事论事"，而不是"就人论事"，不是个别人有个别问题就制定一个规范。

规章制度的生效程序更为严格和规范。规章制度的长期有效性和重要作用，使其对质量的要求非常高，因而其生成过程的合法性至关重要。为了能保障这一点，它的生效程序要比其他文件更严格、更规范，特别是在审批手续和正式公布程序方面非常严格。如审批，不仅次数较多，参与审查的机构或工作人员数量多、类型复杂，而且大都需要以会议的形式最终确认其效用（讨论通过方有效用），极少由个人决定。再如公布，与其他公务文件不同的是，规章制度必须在一定范围内正式公布，否则无效。

规章制度在效用方面一般实行"不溯及既往"和"后法推翻前法"的原则，也就是说，规章制度只针对正式成文（生效）之后发生的有关事物，并且新规章制度形成之后，与其规定不一致的"旧规章制度"即废止，以新规章制度为准。

规章制度的语言运用讲究准确、概括、简洁、通俗、规范。准确是规章制度语言的核心和关键，除了不用有歧义、令人费解的词外，还必须注意用词的准确，应选用最恰当、最能表达内容含义的词。概括指规章制度的语言必须明白而不啰唆，不作过分详尽的列举和解释。简洁指规章制度要用最少的话表达最丰富的内容，用最少的词语组成完整的句子。这就要求把要表达的意思考虑清楚，从而选择最恰当的词语，用在最恰当的地方，起到"以一当十"的作用。通俗指规章制度的语言应该通用、标准，让人一看就明白，不产生歧义。规范指规章制度的语言必须严肃、纯洁、庄重。

三、规章制度的结构

各种类型的规章制度在具体适用范围、所针对的客观对象的性质与规模、规范的概括程度及效力等级方面各具特点，但它们在结构方面大致相同。

（一）总体结构

规章制度一般均包括标题、发布或通过或批准的日期、章题（必要时还有节题）、正文。

1. 标题

规章制度的标题一般由事由（问题）、文种两部分组成。事由应准确而概括地反映规章制度的主要内容，指明被规范的对象，如《××实验室器材管理条例》《大学生伙管会章程》《××

公司新员工培训实施办法》。必要时还应在事由前面加上介词,如"关于""对"等,如《关于加强和改进××企业人才引进工作的若干规定》。文种应直接在事由后面标出,必要时在其前后加限定词"暂行""试行""实施""补充""若干"等,如其加在文种之后,应写作《××公司加强员工工作质量管理暂行办法(试行)》。在特别需要表明和强调文件权威性的情况下,标题中也可标明作者,如《××公司人事处关于规范员工考勤的若干规定》。

2. 发布或通过或批准的日期

发布或通过或批准的日期即规章制度经权威机构或组织审议通过或批准生效的时间,需在标题之下用圆括号括注,可标作"(××××年××月××日)""(×××机关名称××××年××月××日发布)""(×××大会××××年××月××日通过)"等。

3. 章题

章题即规章制度划分为若干章节表述时,每一章的标题。章题需确切概括反映每章的内容,如:"第一章总则""第×章规划与起草""第×章审定与发布""第×章附则"等。

4. 正文

正文即规章制度的主体部分,规范的具体内容均在此表达。

(二)正文的结构

规章制度的正文一般均有以下几部分内容:制定目的、制定依据、适用范围、有关定义、主管部门、具体规范、奖惩办法、施行日期、施行程序与方式、有关说明等。这些内容实际涉及三大类问题:第一类是所谓"假定",即在何种条件下、出现何种情况时适用该规章制度;第二类是所谓"处理",即对允许、禁止或要求作为和不作为的规定,属规章制度的主体部分;第三类是惩罚或奖励,即对违反规章制度规定的行为施以处分、处罚,对认真遵从规定者给予奖励的具体办法等。

1. 制定目的

制定目的指制发规章制度者的动机及所要实现的结果。制定目的是规章制度的核心内容与指导性"纲领",是对规章制度主题的明确揭示,规章制度中的其他一切内容均不得与其相悖或有所超越,因此决不可轻视和敷衍这部分内容。否则,目的不明或目的表达不明确都会造成受文者对规章制度内容的误解或疑义,会削弱规章制度的针对性和权威性,从而影响规章制度效用的实现。制定目的大都以精确而概括的语句表达,并置于规章制度正文的起首,常用介词"为""为了"等领叙。

2. 制定依据

制定依据指制发规章制度的前提条件与根据。在规章制度行文中表明制定依据,有助于明确规章制度的客观针对性,提高规章制度的权威性,因而它也是大多数规章制度不可缺少的内容。制定依据常以介词"根据""遵照""依照""依据"等领叙。构成依据的是相关上级法律、法令、法规、规章和上级的其他文件以及相关客观情况、事实等。

3. 适用范围

适用范围是对规章制度有效适用对象范围的规定，可表明规章制度对何种人及事物具备有效的约束力。除了这一范围是不言自明的情况外，都应在规章制度中将其明确表达出来，否则会在具体执行过程中无法准确界定规章制度的效力范围，无法准确界定"违规"与"不违规"。

4. 有关定义

有关定义指对规章制度中根据实际需要而创设或使用的有关名词术语的含义规定。其作用是使表达更严谨有效，防止产生歧义和争执，澄清事物、概念的界限，以利于执行。这里对名词术语含义的规定在同一规章制度行文中完全适用，即文中所有同一词语均只含有同一含义，只作同一种解释；文中所有同一内容只用这一词语表达，不再改用其他同义词语。具体可写作"××是×××""本文所称××是指××××××"等。

5. 主管部门

主管部门即对规章制度的执行或监督执行负有直接和主要责任的机构或组织，指明主管部门有利于将规章制度的执行落到实处。

6. 具体规范

具体规范即规章制度的主体内容，明确规定支持、保护和发展什么，限制、禁止和取缔什么，规定机关团体和有关人员的作为和不作为，如工作标准、工作程序等都写在这部分内容里。

7. 奖惩办法

奖惩办法即有关奖励与惩罚的具体方式、程序、措施的规定，必要时还应包括对申诉（有处罚就难免有纠纷）程序和机构做出规定。

8. 施行日期

施行日期即对规章制度正式实施时间的规定。规章制度大都不能在制发机关履行批准手续后立即生效执行，为保证人们有一个了解规范的内容、做好认真执行的各种准备的时间与条件，需在文中专门规定施行日期。这方面的规定大致有以下几种：自公布之日后的一个时期施行；自文件公布之日起施行；以另一规章制度的施行时间为施行日期；本文施行日期另由其他规章制度确定。

9. 施行程序与方式

施行程序与方式即对施行过程、施行责任归属方面的规定，一般包括实施的根据与原则、步骤、方法；具体实施办法（细则）制定权、解释权的归属等。

10. 有关说明

有关说明主要指对该规章制度与其他规章制度的关系的规定，对附件效用、数量的规定，以及对不同文字文本效用（包括产生争议时以何种文本为准）的规定等。在规定与其他规章制度的关系时，应明确与之有关的其他规章制度同时有效、废止还是部分废止。尽管有"后法推翻前法"原则，但为明确起见，仍应规定有关旧法的废止或撤销（对含有违法或不适当因素者称撤销，一般应视其为自始没有或不能发生效力）。

在写作实践中，上述内容多以条文形式表达，每条还可下分为款、项、目等层次。章、节、条的序号用中文数字依次表述，款不编序号，项的序号用中文数字加括号依次表述，目的序号用阿拉伯数字依次表述。其中条码以规章制度为单位排大流水号，其他的则均以上一层次为单位排小流水号。条文较多时，可设章，章还可再分节。反映上述内容的条文在排列上应讲究归类准确、层次分明、井然有序。

表达制定目的、制定依据、适用范围、有关定义以及具体规范中带有普遍性、共同性、原则性内容的条文大都依次排在文件的首部，一般统称为"总则"部分。分章表述时，总则即为第一章。

表达具体规范各分项内容的条文接在"总则"之后，按事物间的逻辑关系分类集中编排。分章表述时，每一类或几类为一章。这些条文统称为"分则"。

表达奖惩办法的条文接在"分则"之后，或单独构成"罚则"，或作为"分则"中最后的条文。分章表述时，需要独立成章的情况下可直接称章题为"罚则""法律责任""奖励与处罚"等。

表述施行程序与方式、施行日期、有关说明的条文接在"罚则"之后，可根据重要程度或其他标准逐条表述。这些条文统称"附则"，分章表述时可直接称章题为"附则"。

主管部门一项内容可视具体情况置于"总则"或"附则"中表述，也可在有关"分则"中表述。

四、规章制度的制定程序

规章制度需要履行特殊的生成程序，在一般情况下，以下程序过程是最基本的。

① 动议：即做出制定规章制度的提议。制定不同规章制度的提议权在有关方面的基本制度中大都有明确的规定，提议的做出要据此进行。

② 立项：即经过对提议的审查，将该项规章制度的制定编入相应规章制度的"建设规划"。

③ 起草：由有关机构或领导者委托相关部门或指定的人员组成专门起草小组。该小组应有一定的代表性并应吸收部分专家参加。必要时，提出动议者也可在提出动议时一并提供草案。

④ 协商、咨询：即广泛征询各部门、各级、各类工作人员的意见，与有关方面协调一致。被涉及的部门一定要成为协商对象，可采用咨询会、征求意见会、听证会等形式广泛听取意见，回答各种质询。

⑤ 审查：即将草案送至专门机构进行全面审查修改，形成审查报告，提出是否审议通过的建议。

⑥ 审议通过或批准：在有关会议上进行讨论，做出是否通过的决议，必要时按照规定由有关领导签署。

⑦ 审批或备案：即按规定将应由上级机关批准方能生效的规章制度送交审核，其他的则呈送备案存查。

⑧ 发布：将已履行生效批准程序的文件以一定的方式在特定范围内公之于众，使其被广泛知晓。

当然，有些简单的须知、守则、职责也不一定非要经过这么复杂的程序，但一定要经过相应领导批准才行。

五、写作要求

撰写规章制度时，必须遵循一些要求，特别要注意以下几个方面。

（一）一致性

一致性是指规章制度的内容与形式同其他文件和作者权力，具有高度统一的一致关系，整个规章制度应具有高度的一体性关联。要维护这种一致性应做到：无论规章制度的内容还是形式决不与其他法律、法规、党的方针政策和上级机关、同级机关有关文件的规定抵触，不与自己制发的并且有执行效用的其他文件的规定相矛盾；规章制度的上下文之间决不自相矛盾；以法定的指挥权、命令权为后盾制发文件时，决不越权，决不在法定职权范围之外发号施令；保持文中表达同一概念的词语从词形到词义的前后一致，必要时还应保持对相同类型事物和概念表达时所使用的句式大致相同。

在一致性方面最易出现的问题如下。

① 不自觉违法违制。

② 出现各种矛盾和相抵触的内容。

③ 相同概念用多个词语表达、不同概念用同一词语表述等。

上述这些问题的存在会削弱规章制度的效用，甚至可能使其效用完全消失。

（二）严密性

严密性指规章制度的结构与语言表达具有周密完备的特点。要维护这种严密性，以保证各种约束的有效性，应做到以下几点。

① 务必使规章制度的结构严谨，完整齐全。

② 务必使语言表达缜密，无含混不清、词不达意、语义多歧等现象。

③ 约束的对象及程度范围要明确，有关职责、权利、义务的规定要清楚，时限要准确。

④ 各项要求要有切实可行的检查衡量指标，语气要坚决肯定，不留商量的余地。

⑤ 避免使用"一般""或许""大概""似"等表意不确切的词语去下判断（特别是界定是与非，确认程度和范围时）。

⑥ 表示范围时不用"等"字表达未尽事项。

⑦ 尽量不用"暂""准备""打算"等词语修饰意图和要求。

⑧ 使用表示祈使的"严禁""禁止""不得""不准""必须""应当"等词语时，应认真辨析其轻重，根据表意的需要正确选用。

（三）条理性

条理性是指构成规章制度的文字在层次、顺序方面的特点。

要维护这种条理性，应使规章制度层次分明、次序合理、分类准确、主题突出、排列合理有序。

在表达时，应注意保持各部分内容的系统性与连贯性，要科学设置类项，使同类事项集中，不割裂事项间最密切的逻辑联系与时间联系，避免出现脱节现象。

应避免文题不符和离题现象，与本题无关的内容一律不插入。

项目的排列应有合理的次序，既要注意遵从习惯和惯例，更要注重实际情况。

（四）持续性

制定规章制度是一件非常严肃的工作，规章制度一经发布，就应保持相对的稳定性，但写作、制定规章制度时又要考虑到其适应性，因为社会在飞速发展的过程中会出现各种新情况和新问题，规章制度在实施过程中需要不断调整、完善以适应客观形势的变化，适应实际情况的需要。如果墨守成规，规章制度就可能因跟不上社会的进步而失去其作用，尤其是那些标明"试行"或"暂行"字样的规章制度，尚需经过一段时间的检验，并在实施中不断地完善和修订，更需定期检查，适时地修改或补充、完善。

六、常用规章制度的写作介绍

（一）条例

1. 概念与特点

条例是指党和国家权力机关为了保证某一方面的工作或活动得以长期正常进行而提出原则与要求的文书。

条例经常用来规定和调整政治、经济、文化等领域的某些事项，或某方面的规则，或某个机构的组织与职权等。条例往往涉及范围广泛的、时间较长的经常性的公务活动。

条例具有原则性的特点。条例是国家级权力机关制定的法规性文件，常常全面地、系统地从正反两方面做出原则性的规定，以便人们遵照执行。

2. 写法

条例一般由标题、题注和正文 3 个部分组成。

① 标题一般由"制发机关+事由+文种"组成，如《党政机关公文处理工作条例》。也可省略制发机关，如《治安管理条例》。对于考虑还不够成熟的条例，可以在标题中加上"暂行"或"试行"字样。

② 题注一般指在标题的下面括注发布机关和发布日期。重要的条例，有时还要注明批准机关和批准日期。如果是这种情况，就应该先写批准机关和批准日期，后写发布机关和发布日期，分行并列，不加括号。如果是经过会议通过的，就要标明通过的机构、会议和日期。

③ 正文包括目的依据、主要内容和说明事项 3 个部分，形式上一般采用"三则式"：总则、分则和附则。正文的内容与形式有一定的对应，常常分章列条或分条列款。

- 总则：阐明条例的目的依据，交代制发条例的原因和动机以及法律与政策依据。

- 分则：阐述条例的主要内容。这是条例的主体部分，具体阐述条文规定、要求和对违反条例的惩处等，要做到具体明确、可操作性强。

- 附则：补充条例的说明事项，明确条例的生效时间、解释权、适用范围以及对重要概念和术语的界定等。

案例链接

××集团公司中层经营管理者管理暂行条例

第一章　总则

第一条　为了适应建立现代企业制度的需要，进一步规范中层经营管理者的日常管理，特制定本条例。

第二条　中层经营管理者的选用，必须坚持德才兼备、群众公认、注重实绩和公平、竞争、择优的原则。

第三条　本条例适用于××公司所属的各车间、处室、分厂分公司、政工部门等所有的中层经营管理者。

第二章　任职

第四条　所有中层经营管理者必须具备以下基本任职条件。

（一）具有履行职责所需的政策、理论水平。

（二）坚决执行党的基本路线和各项方针、政策，献身改革开放和现代化事业，在全面建成小康社会的伟大实践中艰苦创业、开拓创新、做出实绩。

（三）坚持实事求是、认真调查研究，能够把党的方针、政策同本地区、本部门的实际情况相结合，讲实话、办实事、求实效、反对形式主义。

（四）有强烈的事业心、责任感和使命感，有实践经验，有胜任领导工作的组织能力、文化水平和专业知识。

（五）正确行使群众赋予的权力，清正廉洁、以身作则、艰苦朴素，密切联系群众，坚持为群众谋福利，自觉接受党和群众的批评和监督，反对官僚主义，反对任何滥用职权、谋求私利的不正之风。

（六）坚持和维护党的民主集中制，有民主作风，有全局观念，善于团结同事，包括团结同自己有不同意见的人。

第五条　行政中层经营管理者基本采取招标竞聘的办法任职。其主要程序如下。

（一）公布竞聘的岗位、条件及报名的具体事宜。

（二）由组织部、人劳处对报名竞聘者进行资格审核。

（三）具备竞聘资格者根据标的起草标书，进行竞聘答辩的准备工作。

（四）成立由公司领导、有关专家、职工代表等大约 15 人组成的招标评审委员会，其中职工代表不少于 2 名。

（五）召开招标竞聘大会，除评审委员会成员与会外，还吸收招标单位的职工或代表参加。竞聘者按抽签顺序在会上宣读标书并进行公开答辩，每位竞聘者的最高综合评分为 275 分，其中标书 100 分、答辩 100 分、总经理加分 15 分、主管副总经理加分 10 分、民意测验 50 分。标书和答辩两项由评委按评审细则逐项评分。

（六）竞聘者得分的结果提交公司党委扩大会议或党政联席会议讨论决定，并由总经理聘任上岗。

第六条　公司所属各党支部（总支）书记、副书记的任职，按《中国共产党基层组织选举工作暂行条例》规定的程序进行换届选举，并经公司党委讨论批准后任职。

党支部（总支）书记或副书记可以设置专职，也可以由具备条件的行政中层经营管理者兼任，但超过 100 名职工的单位，应设置专职的党支部（总支）书记或副书记。未到换届期间要调整或提拔新的党务工作者，需经党委组织部门考查后提交党委会讨论决定任免事项。

在工会、团委任职的中层经营管理者，按各自系统规定的程序选举产生，并经公司党委同意后报上级工会、团委批复任职。未到换届期间需要调整的，在征得上级工会、团委同意后，由公司党委讨论决定其职务的任免。

从事思想政治工作和党务工作的中层经营管理者享受同级行政中层经营管理者的待遇。

第七条　选拔新的中层经营管理者，应尽可能在后备经营管理者中择优，其除具备本条例第四条的基本任职条件外，还应具备以下具体条件。

（一）具有大专以上文化水平或中级以上专业技术职称。

（二）年龄在 45 周岁以下，身体健康。

（三）行政中层经营管理者需具备两年以上的生产、经营、技术管理工作的经验，党务中层干部需具备两年以上的党龄。

（四）了解国情、省情、本行业和本企业的基本特点。

（五）熟悉企业管理的基本知识，掌握现代化管理方法。

（六）有较强的分析、判断能力，善于分析生产经营过程中发生的问题，并能迅速做出判断和处理。

（七）善于做职工的思想政治工作，能从实际出发，虚心听取意见。

（八）具有开拓创新的能力，不断改进和完善本单位的规章制度，提高工作效率和工作质量。

（九）能够以身作则，廉洁奉公，遵纪守法，获得多数群众的拥护。

（十）能保质、保量、按时完成上级领导交办的工作。

第三章　考查

第八条　对中层经营管理者每年进行一次全面的综合考查。设定综合考查的最高分为 100 分，按经营管理者获得的综合评价分，分为 4 个档次，即：

（一）获综合评价 90 分以上的为优秀干部；

（二）获 75～89 分的为称职干部；

（三）获 60～74 分的为基本称职干部；

（四）获 59 分以下的为不称职干部。

第九条　中层经营管理者考查的主要内容分为 4 个方面，即德、能、勤、绩。德，主要是指政治表现、思想品质和作风；能，主要指履行职责所需要的理论水平、组织领导能力和文化水平、专业知识；勤，主要指工作态度、工作效率；绩，主要指工作实绩。

第十条　考查中层经营管理者的具体标准。为便于实际操作，将上述 4 个方面的考查内容分解为 12 个项目，并赋予各项一定的分数。其相应的考查标准如下。

（一）政治立场和政策水平。在思想上、政治上、行动上与时俱进，遵纪守法，认真执行厂规厂法和各项规章制度。此项考评分为 5 分，发现一项不足或一项违规扣 1～3 分。

（二）原则性与廉洁性。敢于坚持原则，自觉抵制歪风邪气，无损公肥私、贪污受贿、多吃多占、侵害群众利益等问题，内部分配合理，账务清楚。此项考评分为 5 分，发现一项问题扣 1～3 分。

（三）道德品质。思想、工作、生活作风正派，严于律己，敢于承担责任，坚持讲实话、办实事、求实效。此项考评分为 5 分，发现一项不足扣 1～3 分。

（四）民主作风与团结协作。坚持和维护党的民主集中制，有民主作风，密切联系群众，善于团结同事，包括团结与自己有不同意见的人。能沟通上下级的意见，主动与他人和其他单位搞好协作。此项考评分为 5 分，发现一项不足或问题扣 1～3 分。

（五）参加各项学习，理论联系实际。勤奋学习业务知识，参加集体学习的出勤率不低于90%，并在理论联系实际、学以致用方面有明显的效果。此项考评分为 5 分，发现出勤率低于90%或学习效果较差的扣 1～3 分。

（六）组织领导能力。具有一定的实践经验，具备胜任本职工作的组织领导能力和文化、专业知识。此项考评分为 5 分，发现一项不足扣 1～3 分。

（七）本职业务能力。能根据企业总的生产、经营、科研方针、计划及目标，正确分析拟定本单位的切实可行的实施计划和实施方案，并对生产、经营、科研工作中出现的问题，及时、正确地进行处理，对本职的业务工作逐年有所改革、创新。此项考评分为 5 分，发现问题酌情扣 1～3 分。

（八）综合分析与表达能力。善于分析和解决实际问题，能抓住工作中的主要矛盾，书面材料和讲话简练、生动，主题和思路清晰。此项考评分为 5 分，发现问题酌情扣 1～3 分。

（九）事业心与责任感。热爱本职工作，并能对本单位和企业的各项管理提出建议，能顾全大局，尽职尽责地完成各项工作任务。此项考评分为 5 分，发现问题酌情扣 1～3 分。

（十）知人善任。善于发现和任用本单位职工的才能，人尽其才，能充分调动多数职工的积极性，并向上级和其他部门推荐人才，促进人才的合理流动。此项考评分为 5 分，发现问题酌情扣 1～3 分。

（十一）业绩。能完成或超额完成各项经济、技术、新产品等计划指标。此项考评分为 25 分，未完成计划的酌情扣 5～15 分。

（十二）质量。重视产品质量和工作质量，措施得当，确保公司制定的质量目标的实现。此项考评分为 25 分，发现问题酌情扣 5～15 分。

以上 12 项考评的总分为 100 分。

第十一条　考查中层经营管理者的办法。主要采取多层次、多角度、综合考评的办法，力求公正、客观。该办法包括中层经营管理者个人述职（或年度工作总结）、公司党政主要领导对所有中层经营管理者评价打分、公司分管领导对下属中层经营管理者评价打分、所在单位的职工群众评价打分、有关部门（纪委、监察室、保卫处、审计处、综合计划处等部门）评价打分；公司党委责成组织部、人劳处、工会等部门组成联合考查组，实施对中层经营管理者的年度考查方案；考查组根据标准对中层经营管理者进行逐项逐人考评后，将 5 个方面的考评结果按比例折算为年度的综合考查得分，群众考评的平均分按 30%、公司党政主要领导考评的平均分按 15%、公司分管领导考评分按 15%、监督部门考评的平均分按 10%、综合管理部门考评分按 15%、质量部门考评分按 15%计分，各部分按比例相加后的结果就是每位中层经营管理者年度考查的综合得分。

第十二条　中层经营管理者年度考查的结果呈报公司党政主要领导，经审核后，提交党委扩大会议讨论。采用"比例淘汰低分"的方法，决定解聘中层经营管理者的名单，以逐步完善公司中层经营管理者的激励竞争和优胜劣汰机制。

被解聘的中层行政管理者由公司总经理下达解聘通知，党务中层经营管理者由党委组织部下达免职通知。

淘汰下岗的中层经营管理者由总经理责成有关部门妥善为其安排新的工作，其不再享受中层经营管理者待遇。

第十三条　中层经营管理者年度考查结果由党委组织部负责记入个人考查档案，作为公司领导调整、推荐、奖励经营管理者的主要依据之一。

第四章　附则

第十四条　在职的中层经营管理者，由组织、人事部门安排培训计划，利用多种方式进行现代企业管理科学和有关知识的学习、深造。

第十五条　中层经营管理者办理离休、退休手续后，按有关规定享受离休、退休干部的一切待遇，并指定有关部门具体管理和组织活动。

第十六条　本条例自公布之日起执行。

第十七条　本条例由公司党委组织部负责解释。

（二）规定

1. 概念与特点

规定是指党政机关、企事业单位、社会团体等针对某项工作或专门问题提出必须遵守和执行的要求和规范的文书。

规定的内容相对集中，其不如条例的原则性那么强，又不如办法的内容那么具体。规定的适用范围比条例广泛，党政机关、企事业单位、社会团体等都可以使用。

规定具有局部性的特点。规定是一种法规性的规章制度，往往是针对某项工作或专门问题提出的比较具体的要求和规范，以便于人们遵守和执行，以确保活动的顺利开展和圆满完成，因而其事务性也较强。

2. 结构与写法

规定一般由标题、题注和正文 3 个部分组成。

（1）标题

① 由"单位名称+事由+文种"组成，如《××大学研究生学籍管理规定》。

② 由"事由+文种"组成，如《质量管理规定》。

（2）题注

题注一般指在标题的下面括注制定单位和发布日期。如果是经过会议通过的，就要标明通过的机构、会议和日期。

（3）正文

规定的正文一般包括目的依据、规定内容和实施说明 3 个部分。复杂规定的正文可以由总则、分则和附则 3 个部分组成。总则部分交代制定规定的原因、目的和依据等，分则部分阐述规定的具体内容，附则部分说明制定与生效时间、修改权和解释权等。简单的规定正文可以只包括具体内容。

规定的正文一般采用条文式结构分条来写。

📚 案例链接

××开发总公司关于新进人员聘用的若干规定

为完善总公司及下属企业聘用人员的规范化管理制度，体现公开、平等竞争的用人原则，促进总公司人员的优化组合，建立岗位能上能下、人员能进能出的用人机制，特制定本规定。

一、凡申请来总公司及下属企业工作的人员，须按表 1（略）填写应聘人员登记表，交总经理办公室初审。

二、初审合格的人员，由总经理办公室负责向总公司或所属单位推荐，由各用人单位负责人根据工作需要和应聘人员实际情况决定是否试用。

三、各用人单位决定试用，须向总公司提交同意试用的报告，报请总经理审批。各用人单位不同意试用，则由总经理办公室向应聘人员说明情况。

四、同意试用的人员，在用人单位有 3 个月的试用期，试用期间不合格者，单位负责人有权提出不予录用的意见，不合格者自行离开本公司。若试用期满合格，单位负责人须向总公司提交同意聘用的报告，报请总经理审批。

五、各用人单位临时聘用人员，须将聘用人员登记表交总公司审查备案。

六、为保证聘用人员的工作与岗位要求匹配，必要时可对应聘人员进行专业知识考核，以保证择优录用人员。

此规定解释权归总经理办公室所有。

（三）办法

1. 概念与特点

办法是指党政机关、某项工作的主管部门、企事业单位为实施条例、规定而制定的阐明具体措施的文书。

办法要求密切联系实际，从各个方面对某项工作或某个问题的实施，加以详尽的说明。

办法的特点是具体性。它是针对所实施条例或规定而制定的具体措施和程序，比条例或规定更加具体和细致。在条例或规定只做出原则性说明的条款上，办法应该具体地、详尽地阐明必须遵循的程序或必须采取的措施。只有这样，条例或规定才能切实可行并被人们付诸实践。

2. 结构与写法

办法由标题、题注和正文 3 个部分组成。

（1）标题

① 由"发文机关+事由+文种"组成，如《××市交通局车辆管理办法》。

② 由"事由+文种"组成，如《国家行政机关公文处理办法》。

（2）题注

题注部分写明发布机关和发布日期，放在标题的下面，外面加上括号。

（3）正文

办法的正文包括目的依据、具体内容和实施说明 3 个部分。复杂办法的正文可以由总则、分则和附则 3 个部分组成。总则部分交代制定办法的原因、目的和依据等，分则部分详细阐述办法的具体内容，附则部分说明制定与生效时间、修改权和解释权等。简单的办法的正文不必分成 3 个部分。

正文采用条文式结构，分章列条或分条列项。

案例链接

××集团公司中层经营管理者年度考查的实施办法

一、考查的内容主要有以下4个方面

1. 德，主要考查中层经营管理者一年来的政治表现、思想品德和作风。此项分为政治立场和政策水平、原则性与廉洁性、道德品质、民主作风与团结协作4个考查子项。

2. 能，主要考查中层经营管理者一年来履行职责所需要的理论水平、组织领导能力和文化专业知识水平。此项分为参加各项学习与学用结合情况、组织领导能力、本职业务能力、综合分析与表达能力4个考查子项。

3. 勤，主要考查中层经营管理者一年来的工作态度和工作效率。此项分为事业心与责任感、知人善任2个考查子项。

4. 绩，主要考查中层经营管理者一年来的工作业绩。此项分为各项任务完成情况、产品质量和工作质量情况2个考查子项。

以上德、能、勤三大项共10个考查子项，每项标准分为5分；绩为2个考查子项，每项标准分为25分。

二、考查的具体标准

标准共四大项12个考查子项，每一个考查子项量化为4档。参评者可根据中层经营管理者的表现对照考查标准，给予适当的评分（详见表2，略）。

三、考查方法

考查采取多层次、多角度综合测评的方法，对每个中层经营管理者的年度表现做出比较客观、公正的评价（详见表3，略）。

1. 民意测评，由中层经营管理者所在单位的职工或职工代表，根据考查标准，按表1（略）的考查内容逐项评价打分。此项评价的平均分占中层经营管理者考查总分的30%。

2. 党政主要领导对所有中层经营管理者，按表1（略）的考查内容，逐项评价打分（上市公司的中层经营管理者的该项行政分由上市公司总经理评价打分）。此项评价分占中层经营管理者考查总分的15%。

3. 党政分管领导对所分管单位的中层经营管理者，按表1（略）的考查内容，逐项评价打分（上市公司的中层经营管理者由上市公司的副总经理、总经济师、总工程师、总会计师分别评价打分）。此项评价分占中层经营管理者考查总分的15%。

4. 监督部门，对所有中层经营管理者评价打分。纪委、监察室根据《中层经营管理者年度党纪政纪考核标准》评价打分（详见表4，略）；保安公司根据《治安保卫考核标准》评价打分（详见表5，略）；审计室根据《中层经营管理者年度财经纪律考核标准》评价打分（详见表6，略）。此项评价的平均分占中层经营管理者考查总分的10%。

5．综合管理部门，由企业发展部、上市公司的策划部，根据《中层经营管理者主要经济责任指标考核标准》（详见表 7，略），分别对中层经营管理者评价打分。此项评价分占中层经营管理者考查总分的 15%。

6．质量，由质量管理部、上市公司质量部，根据《中层经营管理者年度质量考核标准》（详见表 8，略），分别对中层经营管理者评价打分。此项评价分占中层经营管理者考查总分的 15%。

四、组织领导

在党委的领导下，责成组织部牵头，由公司工会、人事部、上市公司的人事部组成联合考查组，实施中层经营管理者的年度考查工作。考查组将 6 个方面的考查结果汇总无误后上报党委。

延伸阅读

条例与规定、办法的区别如表 2-3 所示。

表 2-3   条例与规定、办法的区别

文种	内容	表达	法律约束力
条例	全面系统	原则性强	很强
规定	局部性强	比较概括	强
办法	事项单一	详细具体	较强

（四）制度

1．概念与特点

制度是指党政机关、企事业单位、社会团体为加强某项工作的管理而制定的要求有关人员共同遵守的行为准则。

制度的特点是强制性。为了加强管理，保证工作的顺利开展，各部门、各单位必须建立一套专门的行为规范以约束有关人员并强制其执行。制度是实现程序规范化、职责制度化、质量最优化、管理科学化的重要保证。

2．结构与写法

制度一般由标题、正文和落款 3 个部分组成。

（1）标题

① 由"制发机关+制度内容+文种"组成，如《××大学财产管理制度》。

② 由"制度内容+文种"组成，如《岗位责任制度》。

（2）正文

① 交代制定制度的目的、适用范围等。

② 阐述制度的各项具体规定。

③ 说明制度的施行要求和生效日期。

（3）落款

落款注明制发单位名称和制发时间。制发单位如果在标题中已经注明，这里就可以省略。

案例链接

门卫管理制度

一、门卫是本厂精神文明的窗口。门卫工作人员在值班时间必须衣着整洁，对来访者以礼相待，态度和蔼。

二、门卫工作人员必须坚守工作岗位，做好安全保卫工作。

三、除正常工作人员及外来联系工作人员以外，任何人不准在传达室内谈天闲坐。外来联系工作人员出示介绍信并进行来访登记后方可进厂。

四、上班时间谢绝会客。凡私人电话除急事外一般不传呼。集体参观必须持有上级主管部门介绍信，并事先与本厂有关部门联系取得同意后才能进入。个人参观、照相一律谢绝。

五、凡本厂职工上班一律不准带小孩，不准带零食，不准穿拖鞋。进厂时必须衣冠端正，佩戴厂徽（戴在上衣左上方），未佩戴者登记上报。外包工、临时工、外来学习培训人员应出示临时工作证。

六、凡本厂职工迟到者必须登记，在上班时间因公外出者，应持有出厂证；凡批准病假、事假、调休等人员应持有准假证；喂奶者必须持有喂奶证。所有持证人员必须在门卫处登记后才能出厂。无证出厂者，门卫有权登记并及时上报人保科，一律视为旷工。

七、凡厂内的原辅材料、生产设备、工具零件、成品、半成品等一切物资一律凭成品物资出厂单或实物现金发票出厂联出厂，凡私人拎包出厂要主动向门卫示意。对不符合出厂手续的物品，门卫有权询问、检查或扣留。

八、各种车辆应在指定地点停放，未经批准不准进入厂内。

××市××化工厂

××××年××月××日

第六节 | 商函

一、商函的概念

商函是企业用于联系业务、商洽交易事项的信函。

商函和作为国家行政机关公文之一的函不同。函"适用于不相隶属机关之间商洽工作、询问和答复问题、请求批准和答复审批事项。"（《党政机关公文处理工作条例》，中共中央办公厅、国务院办公厅2012年4月16日印发），从有商函往来的企业之间没有隶属关系，其性质是相互商洽、相互询问和答复这两方面看，商函和函具有一致性。但商函和函的使用主体不同：商函的使用主体是企业或企业的代表人，函的使用主体是国家机关、社会团体、企事业单位。从制作上讲，函要执行国家质量监督检验检疫总局发布的《党政机关公文格式》（GB/T 9704—2012）等规定；商函没有严格的规定，一般按照惯例来制作。从文书内容上讲，函比较宽泛，商函则仅限于交易磋商。

在商业活动中，许多日常的业务处理需要通过大量来往的商函来解决，所以商函的写作在商务活动中举足轻重。人们可以通过商函销售产品或提供服务，可以通过商函建立信贷关系和收款，可以通过商函来调解矛盾、解除误会，还可以把商函作为友好使者，赢得客户的信任，与之建立友谊、保持友谊。一份出色的商函甚至可以成为企业公关的组成部分，可以促进目标的实现，为企业带来良好的经济效益和社会效益。正因为商函具有这些价值，所以人们越来越意识到商函写作的重要性，把商函视为一种友好、令人信服的与客户进行交流的方式，甚至将能写作高质量商函的人视为公司的一大"财富"。商函可以通过传统的邮寄方式，也可以采用电信的方式，如电子邮件、图文传真等。现在我国大型企业广泛实行计算机管理，商函的来往传递大多采用电子邮件的形式。

二、商函的特点

（一）内容单一

商函以商品交易为目的，以交易磋商为内容，它不涉及与商品交易无关的事项。即使是以董事长、总经理等名义往来的商函，内容中也不掺杂交易磋商以外的私人事务或其他事务。

商函内容的单一还体现在一文一事上，即一份商函只涉及某一项交易，不会同时涉及几项交易。

（二）结构简单

商函内容单一，一般段落比较少，篇幅比较短，整体结构比较简单，看上去一目了然。这种简短明了的结构体现了商函完全服务于交易的实用功能，便于对方阅读和把握。

（三）语言简练

商函以说明为主，或介绍业务范围，或告知商品品种与价格，或提出购买品种与数量，或要求支付货款，或通知货物发运和到达的日期，直截了当、言简意明。

三、商函的写作格式

（一）标题

商函一般应有标题，使对方迅速了解商函的主旨。标题位于称谓之上，居中排列。商函的标题应当准确简要地概括商函的主要内容，并标明文种名称。拟写时在商函的主要内容前加介词"关于"，构成介宾短语作为文种的定语，文种名称用"函"，如《关于调整××价格的函》《关于要求支付××货款的函》。

在拟写标题时，如果行文单位确定，可以省略单位与事由，只写商函主题，如《报价函》《订购函》等。

（二）称谓

称谓可以是人，也可以是收函单位名称。对人，可以加上敬语表示对对方的尊重，如"尊敬的×副总经理"。写单位名称时，不能简写，必须写明全称，如"上海××灯具有限公司"。如果除了写收函单位名称以外，还要写对方单位的具体负责人，则应该在单位名称下方另起一行，写上具体负责人的姓名和职务，如"南京××发展有限公司（另起一行）××经理"等。

（三）问候语

和一般的信件一样，商函中经常使用问候语。问候语可以采用惯用的问候词，如"您好""见信好"，也可以用礼节性的话来表示，如"收到贵公司的来函，非常高兴""上次会晤，印象深刻"等。这些语句可以是对以往信件往来中相关内容的回顾，也可以针对对方业务的开展情况写上"关注"或"祝贺"类的词语。问候语之后，应另起一行写正文。

（四）正文

商函的正文可以由多个段落组成，也可以由一个或两个段落组成。由多个段落组成时，其结构一般可分为开头、主体、结尾3个部分；由一个或两个段落组成时，结构单一，未明确区分开头、主体和结尾。与行政机关公文写作一致，商函的正文从内容上或从内在逻辑上说一般可以分为发函的缘由、发函的事项、对收文者的希望或要求这3个层次。

1. 发函的缘由

初次给对方去函，可先作自我介绍，使对方了解本企业的业务范围或本企业产品的情况；有较长期合作关系的，可简述合作情况，以示亲近；双方信件来往频繁的，可直截了当说明发函的目的，进入主旨；答复对方来函的，应先说明来文日期、来文事由。

2. 发函的事项

从逻辑上说，事项是商函正文的重心所在。表达时根据不同的发函目的，或介绍具体情况，或告知有关事项，或说明具体意见，或提出解决问题的办法，或针对来函做出答复。如果事项内容较多，有几方面或几层意思，可分条列项，以使内容更清楚。

3. 对收文者的希望或要求

在交代清楚发函的事项后，用简短的一两句话表明希望或要求，如希望对方同意、要求对方办理等。表述时一般语气恳切，争议索赔函的语气可能比较严正。有的商函没有希望和要求的具体内容，而用惯用结束语结束全文，如"特此函商，务希见复""特此函达""此复"等。

（五）落款

落款包括发函单位名称和日期两项，日期要写全年、月、日，如2020年7月10日。

延伸阅读

商业复函的写作要求

商业复函是指收到对方商函后回复对方的商业信函。复函结构与商函一致，只是在语言表述上有些许不同，下面进行具体介绍。

1．标题

商业复函的标题应与来函方标题对应，如对方来函的标题为《关于××商品的询价函》，复函的标题就应是《关于××商品的报价函》，而对于《关于××的报价函》，复函就是《关于××商品的还价函》；再如对方来函为《关于××产品的订购函》，复函就是《关于××商品的确认订购函》等。

2．称谓

收函方名称。

3．正文

首先说明收到对方信函的日期，然后对其咨询的内容给予答复。最后可写上"如有问题，欢迎再提""恭候佳音""感谢惠顾，望保持联系"之类的结束语，或者是其他一些建议性的表述，如"望贵司来我方参观，现场考察产品生产流程"等。

4．落款

写上发函公司名称，并注明日期、联系人、电话。

四、常见商函类型及其例文

（一）询价函

1．概述

询价函是买方向卖方询问某项商品交易条件时所写的信函或发送的电子邮件。

2．写作要点

写明向卖方索要主要商品的目录本、价格单、商品样本等，也可以用询价单或以发送订单的方式询问某种商品的具体情况。

案例链接

询价函

×先生：

我超市对贵公司生产的绿茶感兴趣，想订购君山毛尖茶。品质：一级；规格：每包100克。望贵厂能就下列信息进行报价：

① 单价；

② 交货日期；

③ 结算方式。

如果贵方报价合理且能给予优惠，我超市将考虑大批量订货。

望速回复。

××食品超市

××××年××月××日

（二）报价函

1．概述

报价函是企业向客户提供的商品的有关交易条件的信函。

2．写作要点

① 说明询价函已收到。

② 说明产品概况，包括产品的价格、结算方式、发货日期、产品规格、可供数量、产品包装、运输方式等内容。

③ 结束语，如"恭候佳音"等。

案例链接

报价函

××商场：

贵方于 5 月 1 日发出的询价函已收悉，谢谢。兹就贵方要求，报价如下：

商品：君山毛尖茶；规格：一级；容量：每包 100 克；单价：每包 9.8 元（含包装费）；包装：标准纸箱，每箱 100 包；结算方式：自提；交货日期：收到订单之日起 10 日内发货。此外，我方的报价极具竞争力，如果贵方订货量在 1000 箱以上，可按 95%的折扣供货。

如贵方认为我们的报价符合要求，请早日订购。

恭候佳音！

××茶叶厂

2019 年 5 月 2 日

（三）交易条件磋商函

1．概述

交易条件磋商函是指企业就对方提出的交易条件进行磋商的信函。

2．写作要点

① 品名。

② 规格。

2. 写作要点

① 开头：阐述索赔理由、缘起，如质量低劣、数量短缺、包装不善、运输拖延等问题给一方造成了损失。

② 主体：指出对方违约的事实，引用合同部分原文或有关检验材料，叙述该项贸易的进行过程，根据合同及有关的法律、法规、惯例等，向违约方提出合理赔偿的要求。

③ 结尾：表明希望对方尽快就索赔事项回函。

案例链接

××轮磷酸岩短重索赔书

××化工出口公司：

第××号合同磷酸岩第一批货已由"××"轮于××月××日运抵青岛。结算发票重量为×吨，根据青岛商品检验局水尺鉴定，卸船实际重量为×吨，短重×吨。另抽样化验水分为×%，高于结算发票中所注的水分×%。由于水分增高而发生的短重为×吨。共计短重×吨。根据合同规定向你方提出索赔，你方应赔偿我方的损失金额如下。

1．货价：×美元。

2．运费：×美元。

3．保险费：×美元。

4．检验费：×美元。

共计：×美元。

随函附上青岛商品检验局第×号检验证明书正本一份及水尺鉴定记录一份，请接受此项索赔并速汇款结账。

附件：

1．检验证明书一份（略）。

2．水尺鉴定记录一份（略）。

××进出口公司

××××年××月××日

（六）建立贸易关系函

1. 概述

建立贸易关系函是指企业欲与对方成为贸易伙伴而书写的一种文书。

2. 写作要点

① 本企业从事的项目。

② 本企业的经验。

③ 本企业的特长。

④ 合作的方式等。

案例链接

建立贸易关系函

××进出口公司：

我方从报纸广告上得知贵公司的名称及地址，并了解到贵公司有兴趣建立进出口商品的业务联系。

本公司原经营进口工业机械在本国的批发零售业务，由于最近经营方面发生了变化，本公司在销售方面的政策也发生了变化。如贵公司在本地尚无固定客户，希望考虑以本公司为交易伙伴。

本公司有多年的外贸经验，与生产厂家有长期的直接联系，我方在工业机械行业中非常具有竞争力。我方也愿意从贵国进口优良产品，以有竞争力的价格在中国销售，以期能够持续、长期地占领市场。

我方希望聆听贵公司的意见、建议和要求，选择能使双方通力合作、互惠互利的贸易方式。此外，本公司愿意以收取佣金为条件充当贵公司在中国的采购代理。

静候回音。

××外贸公司
××××年××月××日

（七）订购函

1. 概述

所谓订购函是指经过反复磋商，买卖双方接受交易条件后，买方按双方谈妥的条件向卖方订购所需货物的信函。订购函通常有两种表现形式，一种是在函里说明所需订购的货物；另一种是下订单，即把订购函制成订单式，以表格形式列明各项交易需求。

2. 写作要点

订购函一般包括商品名称、编号、数量、价格、结算方式、包装、交货日期、交货地点、运输方式、运输保险等内容，写作时需要根据实际情况对以上要点进行梳理，以免出现责任不清的情况。

案例链接

订购函

×××先生：

贵厂××月××日的报价单获悉，谢谢。贵方报价较合理，特订购下列货物：

EPSONLQ-100 打印机 10 台，单价 1500 元，总计 15000 元；

STAR AR-2463 打印机 10 台，单价 900 元，总计 9000 元；

CICIAEN CKP-5240 打印机 10 台，单价 1500 元，总计 15000 元。

交货日期：××××年××月底之前。

交货地点：××市××仓储部。

结算方式：转账支票。

烦请将货物准时运达，以利我方市场需要。

我方接贵方装运函，将立即开具转账支票。

请即予办理为荷。

××公司

××××年××月××日

（八）确认订购函

1. 概述

确认订购函即卖方在收到客户的订购函后，告知客户货物办理程度和货款支付等事宜，询问客户是否还有其他要求的信函。

2. 写作要点

确认订购函要写明已收到对方什么时候寄出的订购函，并告知对方货物即将发出，希望对方查收，同时告知对方货款如何支付。

案例链接

确认订购函

×××先生：

您好！

非常高兴收到贵方××月××日第 32 号 100 瓶×××订单。我方即速办理，货物将在贵方要求日期内运抵指定地点。

根据商业汇票的规定，我方通过××银行开出以贵方为付款人的银行承兑汇票，面额为×××元，承兑期限为 3 个月。

贵方对此货还有何要求，烦请来函告知。

感谢贵方的惠顾，希望我们能长久保持良好的贸易关系。

××公司

××××年××月××日

第七节　电子邮件

一、电子邮件的概念

电子邮件是用户（或用户组）之间，借助适当的软件，进行邮件发送和接收的一种网络通信工具。电子邮件是使用最广泛、效率最高的电子应用文，是网络上使用人数最多、最受欢迎的服务之一。通过电子邮件系统，人们可以用非常低的价格，以非常快速的方式，与世界上任何一个角落的网络用户联系。这些电子邮件可以是文字、图像、声音等各种形式。

二、电子邮件的特点

（一）收发方便，不受时间、空间限制

电子邮件允许发信人自由决定在任何时间、任何地点进行邮件的撰写和发送，不会因为占线或接收人不在线而延迟。同样，邮件接收者也可以选择在任何时间、任何地点接收邮件。

（二）传递高速，节约时间

在网络通畅的情况下，电子邮件软件通常在几秒之内就可以把信息传送到在任何地点的收件人的收件箱中。这种高速的传递是传统邮政信件所无法比拟的，从而大大节约了时间。

（三）复制容易，全面保存

电子邮件是通过数字化格式撰写、存储和发送的，不仅复制和保存都十分方便快捷，而且内容不会改变。上万字或几十万字，甚至是几百万字的信息，通过电子邮件都可以即时保存，分毫不差。

（四）群发共享，节约成本

发送电子邮件时，用户可以轻松地添加多个收件地址，从而同时把电子邮件发送到全球各地。通过事先设置好的地址组群一次发送，组群中的成员就都能获取信息。在这个过程中，与传统邮件相比，发信者所花费的时间、费用低得几乎可以忽略不计，从而大大节约了成本，这也是任何传统邮件都难以做到的。

（五）价格低

相对于信件、电话等传统的通信方式，使用电子邮件的花费非常少。除了租用专线或包租宽带，发送和接收电子邮件几乎不会产生任何额外费用。现在，提供电子邮件服务的供应商越来越多，为了占有市场，吸引更多的用户，他们在降低费用的同时，还力图向用户提供更多、更方便的服务。此外，电子邮件也越来越安全、越来越快捷。

（六）信息多样化

除了文字信息以外，电子邮件还可以把图片、声音、影像、软件程序等各种多媒体信息一同发送给接收者，大大扩充了可接收的信息形式。

三、电子邮件的编写

电子邮件分为3个部分，即表头、主体和联系人地址（如果日常注重各类邮件地址的储存，

使用时按邮件发送需要勾选即可）。一封邮件最好只描述一件事情，如果有不同的事情要说，可以另写一封。

（一）表头

表头大致相当于传统邮件的信封部分内容，完整的表头包括收件人、抄送人和主题。

1. 收件人

收件人地址是必须填写的内容，是受理邮件的责任人，理应对邮件予以回应。收件人地址可以是一个或多个，当收件人地址有两个或两个以上时，多个收件人地址间应用逗号或分号隔开。正确的收件人地址是一封电子邮件的开始。

2. 抄送人

抄送人是需要知道邮件相关事宜的人，是邮件事宜的知情人或监督者，可不对邮件做出回应，但是要对邮件发送的过程有所了解。抄送相当于在发送邮件的同时发送一个或几个副本。用户在给收件人发出邮件的同时把该邮件抄送给另外的人，在这种抄送方式中，"收件人"知道发件人把该邮件抄送给了哪些人。比如，一个员工在上班时间上网被主管发现了，这位主管以电子邮件的方式对他进行了批评，同时这位主管还想告诫其他下属不要在上班时间上网，那么他只需要写一封邮件，然后将其他下属们的电子邮箱地址填入抄送栏内就可以了。同样的，多个收件人地址间要用逗号或分号隔开。抄送并不是必选项，视具体情况填写即可。

案例链接

刚入职的小李，在部门内担任软件工程师。部门安排了一项开发任务，由开发部小李、小王、小张和行政部小洪、市场部小徐临时组成一个工作组来完成这项工作，其中小李被指定为项目负责人。

接到任务后，小李迅速组织所有组员在一起开了个会，对项目任务进行分配，所有组员都明确了自己在项目中的任务。

会后，小李在最短时间内编写了邮件，将会议形成的工作方案发送给所有组员，同时抄送给了相关部门领导。

【案例评析】

邮件收件人小王、小张等人均为本次工作的直接责任人，需要对邮件内容负责，还需按时按量完成邮件所述的工作任务，提交工作任务成果并适时与项目成员沟通，而各部门的领导则是事件的监督者，有义务知晓邮件中各项工作事务的进展，并在项目工作进行时提供帮助和指导，但是他们没有回复邮件和处理邮件相关事务的义务。

3. 密送人

一般情况下不会使用密送功能，特殊情况下除外。

4．主题

电子邮件需要加上主题，主题是电子邮件核心内容的概括，这部分内容既要简明扼要，又要表达全面，恰如其分，要做到让收件人在打开电子邮件之前，就对邮件内容有所了解。如求职邮件"应聘贵公司的软件工程师—李×××—××大学"；又如部门内部沟通邮件"关于举办工会系列活动的通知"；再如向上级部门提交的申请"××学院 2018 年××省人文社科项目申请表汇总"。有时还会在主题中添加需要办理的事项，如请求审核"大学生就业指导课件——请审阅"，再如发送资料供收件人保存"2018 年党员学习材料——请查收"。这些邮件的主题都可以清晰恰当地反映邮件内容，有利于收件人的信息获取，也有利于日后查找相关电子邮件，提高效率。

（二）主体

主体包括称呼、导语、正文、署名和附件 5 个部分。正文部分应做到简明扼要，行文流畅，多用序列列表，尽量使内容清晰明确，并且完整交代相关信息。此外，要根据收件人与自己的熟悉程度以及邮件的性质，选择恰当的语气进行阐述，以免给对方造成不舒服的感觉。

邮件主体一般使用宋体或楷体，字号用小四号或五号即可，这是经研究证明最适合在线阅读的字体和字号。

1．称呼

邮件开头应有对收件人的称呼，这样既显得礼貌，也能明确提醒收件人此邮件是发送给他的，要求收件人给出明确的回复。如果对方有职务，应该按职务尊称对方，如"×××经理""×××教授""×××校长"等。如果不清楚对方的职务且无法找到确切的信息，则应当按照通常的"×××先生""×××女士"称呼。在有多个收件人的情况下可以使用称呼"大家"。如果收件人的身份均为领导，则可以将称呼写为"各位领导"，以此类推。

2．导语

电子邮件的导语指电子邮件的第一段或第一句。导语应该突出整个电子邮件最关键、最吸引人的内容。导语对于电子邮件十分重要，因为好的导语可以让一封电子邮件成功吸引收信人的注意力，从而使其被完整阅读，进而被重视并被保存下来。反之，如果一封电子邮件的导语写得不好，它有可能立即就被删除。

导语应讲究言简意赅，将整封邮件中最重要的信息或事件的结论表达清楚，如"张磊先生已经被任命为办公会主任，他将在下午的会议上与大家见面，同时安排本部门工作"。接下来可以在后面详细介绍张磊的个人简历、工作思路等。再如求职用的邮件的导语可写为"欣闻贵司招聘机械设计师助理，特来应聘！"这样的导语可以让对方知道邮件的用意，从而决定是否应该看下去并确定主要看什么信息，后续的求职邮件正文就可以这样写："本人系××大学机械设计制造及其自动化专业应届毕业生……"

3．正文

正文是电子邮件的主体，也是导语部分的详细展开。主体的内容应该按照重要程度来排序，即重要内容—次要内容—不重要内容。最重要的内容应被放在最前面，以方便阅读。现在电子邮件已经成为重要的联系方式，每人每天都会收到大量的电子邮件。如果工作繁忙，人们通常只读前面的重要信息；如果时间相对宽裕，则会读完邮件。将最重要的内容放在最前面可以避免因为人们太忙碌而将重要的信息和不重要的信息一同删除的问题。

为了有效地传递信息，一封电子邮件主体内容中的重点不要超过 3 个。而且，电子邮件的重要内容应尽量用短句子表达。短句子易读、易懂、易记，而长句子往往难以传递主题思想。

案例链接

尊敬的×××先生：

您好！

我公司定于 2019 年 7 月 18 日（星期四）上午 9:00 在×××酒店举行新产品发布会。您作为该行业的前辈，是××研发领域的领军人物，我们真诚邀请您出席会议并作 5 分钟发言，建议发言内容围绕××产品的研发趋势展开。

衷心希望您能接受这项邀请！为了便于您详细了解××产品的信息，我们已将相关材料以附件形式发送，烦请查收，谢谢！

会议联系人：×××

联系电话：×××××××××××

祝好！

×××有限责任公司

2019 年 7 月 10 日

附件：

1．××产品开发说明书

2．××产品市场前景分析

【案例评析】

这封电子邮件内容简洁、重点突出，清晰地表达了邀请对方参加新产品发布会的意愿和详细信息；同时，语气谦恭有礼，使收件人读来有种备受尊重的感觉；而且，此封电子邮件格式规范，添加的附件名描述准确。

邮件可以采用倒金字塔结构，方便收件人抓住邮件内容的重点，领会邮件发送者的用意。如在介绍导语时提到的是应聘机械设计师助理岗位的邮件，其正文就可以描述如下。

本人系××大学机械设计制造及其自动化专业应届毕业生，在对贵公司机械设计师助理岗位的要求进行详细研读后，自认可以胜任，理由有如下 3 点。

1．基本情况符合。本人的英语水平、计算机水平、学历、专业等均达到或超过贵司的要求……

2．实践经验符合。在校期间，本人曾于××汽车公司任机械工程师助理，曾做出××的贡献……

3．技能掌握符合。大学 4 年时间里，本人在专业方面的证书有……

【案例评析】

本例观点先行，而后列举数据对观点予以支撑。这样的邮件正文，结构清晰，重点内容一目了然。

正文的结尾使用惯用结尾即可，如"请审阅/审看，祝好！"，还可表达赞美、问候、祝愿、感谢，如"顺颂""顺祝秋安""生意兴隆"等。

4．署名

署名有两个作用，一个是表明这封电子邮件的结束；另一个是表明发信人在这封电子邮件中的身份。与传统信函的署名不同，电子邮件中的署名可以是文字，也可以是文字加图案。但署名图案应该与所发信息相称，并且为收信人所接受。在商务电子邮件中，署名部分通常不仅有发信人的姓名，还包括很多其他内容，如发信人所属公司、部门、职务，办公室电话号码、手机号码、传真号码、常用电子邮箱地址等。这种电子邮件署名的作用类似于名片，方便收件人与发件人联系。

5．附件

如果邮件带有附件，发信人应当在正文里提示收件人查看附件。附件的文件名应当清晰准确、识别度高，不要随便用几个字母或数字作文件名；附件数目不宜超过 4 个，数目较多时应当打包压缩成一个文件；如果附件是特殊格式文件，应在正文中说明打开方式，以免影响收件人使用。可以使用如"详情见附件""请填写附件××""已将××内容置于附件，烦请查收"等表述。

四、注意事项

（一）不要长篇大论

电子邮件可以使沟通和交流更加方便快捷，因此其内容一定要简明扼要、突出重点。

（二）不要有格式、语法、标点等错误

写完电子邮件后要认真阅读，确保无误后再发送。

（三）电子邮件检查顺序

① 收件人地址是否准确，有多个收件人时是否有遗漏。

② 主题是否准确，是否与邮件的内容匹配。

③ 正文是否有语法错误、不恰当的表达。

④ 附件是否已添加。

⑤ 邮件是否成功发送。

课后练习

1. 为自己注册一个电子邮箱，并学习使用方法。

2. 请分析下面这封电子邮件存在的问题，并进行修改。

收件人：×××@163.com

主题：销售

张××：早上好：

　　自从上次分手后，好久没有与你联系了，不知最近现状如何。我工作非常紧张，每天必须提前来到办公室，常常很晚才回家。主要的原因是我公司目前正在生产一种新型的编号为××的机床。现将该机床的特点及功能的详细情况发送给你们。说明书在附件中，请查阅。相信不久，我公司的产品就会生产完工。那时，我们将会有一个相当长的假期。我们会再有机会在一起聊天。不知道你们最近是否也很忙，如果有时间，请给我回信。我期盼着我们再次见面。

　　祝工作顺利！

　　刘××

第三章
经济类应用文写作

本章重点介绍经济类应用文——市场调查报告、可行性研究报告、合同的写法，具体内容包括市场调查报告的基本概念、种类、常用调查方法、写作程序、基本结构、写作方法及注意事项；可行性研究报告的基本概念、特点、步骤、分类、作用、基本内容、写法、要求及原则；合同的基本概念、特点、写法及写作注意事项。

第一节 | 市场调查报告

延伸阅读

决定命运的调查报告

某企业招聘销售主管，大学毕业生小文前去应聘。经过一番面谈，最后有 5 人通过面试，小文为 5 人之中的 1 人。主考官告诉他们，一个星期后，公司总经理会亲自进行复试。有一天，小文一个人在商场里闲逛，突然看到应聘的那家公司的产品，于是他走过去和业务员闲聊起来。从公司产品的销售情况，到消费者对产品是否认同，需要进行哪些改进，他们聊了很长时间，业务员把这些情况都对小文进行了详细介绍。接下来的几天，小文又去其他几家商场，对公司产品和其他公司的同类产品进行了了解、比较。回到家后，小文把自己调查的情况写成了一份详细的市场调查报告。复试那天，等到小文和总经理面谈时，他将调查报告递交了上去。总经理接过报告仔细翻看了一遍，面带笑容地对他说："很高兴地通知你，你被我们公司录取了。"

小文比其他应聘者更加务实，他能在正式到公司上班前，对公司的产品进行全面的市场调查和分析，并提出了产品改进的建议。而这个调查报告，就是调查者经过一个阶段的探索、分析、筛选加工后，得到的记述和反映市场调查成果并提出作者看法和意见的书面报告。市场调查报告能将市场信息传递给决策者，这份调查报告也成为小文被录用的重要原因。

一、市场调查与市场调查报告

市场调查是市场学的核心内容，是一项专业技能。市场调查的目的就是根据消费者需求和市场潜力，安排生产销售计划。调查—预测—决策，是企业经营的重要工作。一个企业在进行决策之前要先对市场进行调查和分析，并在此基础上最终做出决策。市场调查的作用见下例。

案例链接

市场调查与外资入驻

来自××国的××女装品牌相中了我国市场，在上海成功开设了第一家专卖店之后，该国际品牌的专卖店也在北京落户。

消息传出，引来京城服装同行广泛关注。这不仅体现了××这一品牌在服装界的重要地位，更显现了我国日益增强的市场吸引力。

××女装品牌东南亚执行董事李女士在谈到为何选择在我国开店时强调，市场调研和可行性分析认为，我国服装产品以高质量、低价格赢得了世界消费者的欢迎；服装市场需求的旺盛，使人们对行业的投资更有信心；我国服装业呈现出的日趋强大的国际竞争力、良好的投资环境为产业飞速发展再添动力，服装业的流通领域也随之发展；发达国家和周边国家越发看好我国市场，国外同行们也希望借助我国这一巨大市场寻求自己产品的消费者，所以××女装的入驻是有依据的。张女士表示，公司在我国的业务壮大成熟后，会选择我国的厂商进行合作。

市场调查报告是在市场调查基础上形成的书面文字材料，是市场调查这一行为过程的最终结果。它的目的是摸清市场的历史和现状，把握市场变化的规律，服务于企业的经营活动，使企业的市场营销行为和外部市场环境相适应。

二、常用调查方法

（一）口头调查法

口头调查法是根据已经制订的调查目的和调查计划，用口头询问的方式取得调查资料的一种方法。进行口头询问时，可以以个人访问或小组访问的形式，召开一些不同类型的座谈会，或直接交谈，找个别对象访问，也可以打电话向被调查者询问或征求意见。

（二）问卷调查法

问卷调查法即制作市场调查问卷让被调查者填写。调查问卷的内容包括被调查者的基本情况（主要有姓名、性别、年龄、民族、文化程度、工作单位、职业、住址、家庭人口等），调查内容（需调查的具体项目），问卷填写说明（包括目的、项目含义、调查时间、被调查者填写时应注意事项、调查人员应遵守事项等），编号（以便分类归档和计算机管理）。设计市场调查问卷时应注意以下几点。

① 必要性，所提的问题应直接为目的服务，没有价值或无关紧要的问题不应列入。

② 可行性，应避免列出令人难以回答的问题，注意使用适合被调查者身份的词句。

③ 准确性，提问要简单明确，切忌模棱两可或难以理解。

④ 艺术性，提问要讲究艺术，有趣味，使被调查者乐于回答。

这种方法的优点在于适合大面积调查，可以一次性地获得大量的市场信息，甚为节省时间；而且控制性强，尤其便于定量分析问题，但通过这种方法获得信息的可信度受到问卷对象的道德、文化、认识水准的影响。

（三）观察调查法

观察调查法即通过直接观察取得第一手资料的调查方法。市场调查人员直接到商店、订货会、展销会等消费者比较集中的场所，借助照相机、录音机或直接用笔记录，身临其境地进行观察记录，从而获得重要的市场信息资料。观察调查法的优点是可以客观地收集资料，可以集中地了解问题，其不足之处在于许多信息观察不到，如被调查者的兴趣、偏好、心理感受、购买动机、态度、看法等。

（四）实验调查法

实验调查法即从影响市场的诸多因素中选出一两个，在一定条件下进行小规模的实验。在进行改变商品的设计、包装、价格、品质、广告等工作之前，先做小规模实验，搜集用户意见，预测产品销售量，然后研究决定可否大规模应用或进入市场。这是目前运用得较广的一种方法，试销会、展销会、看样订货会、国际博览会都属于这种方法。

（五）统计分析法

统计分析法是利用企业内的现有资料，如统计数据、会计报表及其他相关数据进行综合分析的一种调查方法。这是一种间接调查法，可分为发展趋势分析、相关因素分析、市场占有率分析、市场覆盖率分析等，这种调查可为现场调查做准备，还可以弥补现场调查的不足。这种方法研究的问题比现场调查更广泛，而且费用较低。

三、市场调查报告的分类

（一）市场需求调查报告

这类报告反映市场对某种产品的需求量，包括现实需求量和潜在需求量，从而帮助企业掌握社会商品购买力的构成及其变化，同时还会调查消费者对商品的数量、质量、样式等方面的要求，以了解市场的需求情况。

（二）市场价格调查报告

这类调查报告是对某一商品在市场上的价格变化情况进行专题调查后写出的，其主要内容包括商品的价格变化情况与走向、影响价格变动的因素、消费者对价格变动的反应、不同市场同类产品价格的差额及其产生原因。

（三）市场消费行为调查报告

消费者由于各自条件的不同，会有不同的消费心理，市场消费行为调查报告通过对消费者的年龄、性别、职业、民族、居住地、文化程度等进行调查，分析其购买产品的动机、消费习惯、消费水平等。

（四）产品情况调查报告

产品情况调查报告包括产品形态及其各方面的特性；产品在市场上的地位、占有率；产品的包装是否安全、轻便、美观、方便运输；商标是否易于记忆、令人喜爱等，同时调查产品销售的有关情况并全面征求消费者对产品的具体意见和要求。

（五）产品售后服务调查报告

产品售后服务调查报告包括产品的运输情况、产品销售后的技术服务内容、服务方式是否受消费者欢迎、服务网点的设置是否合理等内容。

（六）竞争对手调查报告

竞争对手调查报告主要调查同类产品的生产企业的总体情况，将其和自身进行比较，找出差异，发现自身的优劣势；调查竞争对手的资金情况、技术设备和技术水平，判断其竞争力；调查竞争对手新产品的开发情况及潜在竞争对手的情况。

四、市场调查报告的基本结构

（一）标题

标题可以作为调查报告的封面，单独占用一张纸，主要包括市场调查报告的标题、委托方、调查方的项目负责人（撰写调查报告者）、提交报告的日期等。如果报告属于机密文件，应该在标题页的某处写清楚。很多专业的调查公司将封面做得极富特色，突出了客户的企业形象，颇具创造力和吸引力，效果很好。当然，简洁的封面形式也运用得比较多。

标题必须准确揭示报告的主题思想，做到文题相符。标题要简单明确，高度概括。好的标题有画龙点睛的作用，对阅读者具有较强的吸引力。标题的形式一般有以下 3 种。

① 直叙式标题，是反映调查意向或指出调查地点、调查项目的标题，如"夏普液晶电视市场占有率调查""中国移动通信市场竞争态势调查"等。这种标题的特点是简明扼要、比较直观，但略显呆板。

② 表明观点式标题，是直接阐明作者的观点、看法，或对事物做出判断、评价的标题。这种标题既表明了作者的态度，又揭示了主题，具有很强的吸引力，但通常要加副标题才能将调查对象和内容表述清楚。

③ 提出问题式标题，是以设问、反问等形式，突出问题的焦点和尖锐性，吸引阅读者阅读、思考，如"中老年消费者愿意到网上购物吗？""古玩收藏品市场交易为什么冷冷清清？"等。这类标题比较尖锐，具有较强的吸引力，一般用于揭露问题类型的调查报告。

（二）目录

提交调查报告时，如果涉及的内容很多、篇幅较长，为了便于阅读，应把各项内容用目录或索引形式标记出来，使阅读者对调查报告的整体框架有一个具体的了解。目录是报告中完整反映各项内容的一览表，包括调查报告标题、大标题、小标题、附录及各部分所在的页码等，特别短的报告可免去此项。一般来说，目录的篇幅不宜超过一页。

案例链接

市场调查报告目录

（三）摘要

摘要就是为那些没有足够时间阅读整个报告的阅读者（特别是高层管理人员）或者不具备太多的专业知识，只想尽快得到调查分析报告的主要结论并了解应进行怎样的市场操作的阅读者而准备的。

摘要具体包括以下 4 个方面的内容。

① 简要说明调查目的。

② 介绍调查对象和调查内容，包括调查时间、地点、对象、范围、调查要点及所要解答的问题。

③ 简要介绍调查研究的方法。

④ 简要说明调查结论与建议。

一般来讲，调查报告的摘要写作有以下要求：从内容上讲，要做到清楚、简洁和高度概括，其目的是让阅读者通过阅读摘要，不但能了解本项目调查的全貌，同时对调查结论也能有一个概括性的了解；从语言文字上讲，应该通俗、精炼，尽量避免应用生僻的字句或过于专业的术语。摘要一般在完成调查报告后撰写。

（四）引言

1. 引言的写作形式

引言即调查报告的开头，好的开头既可以使分析报告顺利展开，又能吸引阅读者。开头的形式有以下 4 种。

（1）开门见山，揭示主题

"开门见山，揭示主题"即报告开头先交代调查的目的或动机，揭示主题。例如，2018 年 5 月，受××校团委委托，对 2016 级电子商务专业的学生进行有关网络购物方面的调查研究，目的是有针对性地对学生进行正确和健康的消费指导，矫正疏导各种不良消费习惯，使学生健康成长。

（2）结论先行，逐步论证

"结论先行，逐步论证"即先将调查结论写出来，然后再逐步论证。这种开头形式观点明确，使人一目了然。例如，2019 年 10 月，我们对某校高一年级 400 名学生的日用品消费状况进行了调查，调查结果表明，不少学生存在这样或那样的消费心理方面的障碍，大致可以分为以下几类……

（3）交代情况，逐层分析

报告开头可先介绍背景，然后逐层分析，得出结论；也可先交代调查时间、地点、对象、范围等情况，然后进行分析。这样可使阅读者先有一个大致认识，然后再深入分析研究。例如，××商业风险管理有限公司于 2018 年 4 月—2018 年 5 月在北京、上海、广州、深圳等城市进行了一次大规模的抽样调查，力图考察我国通信网络的现状，并展望未来之路。在这次调查中，除了涉及特定专业问题外，还围绕网络化的大趋势设计了许多问题，包括用户目前的网络使用情况、意见、需求等，调查对象是各种单位中通信网络或计算机方面的技术人员……

（4）提出问题，引入正题

"提出问题，引入正题"即报告开头提出人们所关注的问题，引导阅读者进入正题。例如，随着人们生活水平的提高，一些高端皮革制品的拥有量也有了较大的提升，与之配套的皮革保养护理业务也有了一定的发展。同时，有关皮革保养护理方面的纠纷也不断增加。上海××咨询服务有限公司于 2019 年上半年在全国 20 个大中城市展开抽样调查，以确定解决问题的方法。

2. 引言的写作原则

引言部分的写作形式很多，可根据情况适当选择，但不管怎样，引言部分都应围绕这样几个问题展开：为什么进行调查？怎样进行调查？调查的结论如何。引言的作用是向报告阅读者提供市场调查的背景资料及其相关信息，使阅读者能够大致了解进行该项市场调查的原因和需要解决的问题以及调查的必要性与重要性。

（五）正文

正文是调查报告的核心部分，一般由开头、主体、结束语 3 个部分组成。正文讲述了市场调查的详细内容，如调查方法、调查程序、调查结果等。描述调查方法要尽量讲清使用了何种方法，并提供选择此种方法的理由。

在正文中，相当一部分内容应是数字、表格以及对它们的解释、分析，要用最准确、恰当的语句进行描述性分析，结构要严谨，推理要有一定的逻辑性。

在正文部分，一般必不可少地要对自己在调查中出现的不足之处进行说明，不能含糊其辞。在必要的情况下，写作者还需将不足之处对调查报告准确性造成的影响分析清楚，以提高整个市场调查活动的可信度。

调查报告正文的行文应当严谨、规范，不必追求华丽的辞藻，如果某些词可能引起阅读者的误解，则应当尽量避免使用，而采用更接近人们日常习惯的用语。

与其他公文文体不同，调查报告应当不厌其详，对所有在调查中获得的数据资料都应当给予反映。

调查报告正文的 3 个部分的介绍如下。

1. 开头

开头即引言部分，可参照前面引言的写法。

2. 主体

主体属于论述部分，论述部分是调查报告的核心，它决定着整个调查报告的质量和作用。论述部分的重点是依据调查了解到的事实，分析说明被调查对象的发生、发展和变化过程以及调查的结果及存在的问题，并提出具体的意见和建议。

论述一般涉及的内容很多，篇幅较长，有时也可以用概括性或提示性的小标题突出不同部分的中心思想。

论述部分大致可分为基本情况和分析两部分内容。基本情况部分要真实地反映客观事实，对调查资料和背景资料做客观的介绍说明，或者提出问题。分析部分是调查报告的主要部分，在这一部分，写作者要对数据资料进行质和量的分析，通过分析，了解情况、说明问题并解决问题。

3. 结束语

结束语一般就是调查的结果，要求简短、切中要害，使阅读者既可以从中大致了解调查的结果，又可从后面的文本中获取更多的信息。

（六）结论与建议

结论与建议是阅读者最为关注、最关键的部分，写作者应根据调查结果得出结论，并结合企业或客户情况分析其所面临的优势与困难，提出解决方法，即建议。

结论与建议的几种表现形式如下。

① 概括全文：综合说明调查报告的主要观点，深化文章的主题。

② 形成结论：在对真实资料进行深入、细致的科学分析的基础上，得出报告结论。

③ 提出看法和建议：通过分析，形成对事物的看法，并在此基础上提出建议或可行性方案。

结论与建议的语言要简明扼要，使阅读者明确题旨，加深认识，可以参考正文中的信息对建议进行判断、评价，以启发阅读者的思考和联想。

结论与建议要和正文部分的论述紧密联系，不可以提出无证据的结论，也不要进行没有结论性意见的论证。同时，这部分内容要具有可行性和可操作性，即有应用价值。

（七）附录

附录是与调查有关的各种数据资料的总和，这些内容不便在正文中涉及，但在阅读正文或检验调查结果的有效性时，需要参考这些数据资料。附录中的主要内容包括以下 4 个方面。

① 调查提案书（或项目策划书）。

② 抽样方案，包括样本点的分布和样本量的分配情况等。

③ 调查问卷。

④ 主要质量控制数据。例如，调查中的拒访率、无效回答率等，一些有经验的市场调查人员可以根据这些内容判断结果的有效性。除上述内容外，如果在调查中使用了其他的二手资料，在允许的情况下也应当向客户提供以作为参照。调查公司应当提供多少具有保密价值的材料，可以由双方在合同签订时予以确认，必要时客户方应当为这些材料付费并做出保密承诺。

五、市场调查报告的写作方法

（一）确定调查报告的主题

首先要根据调查的目标、内容和范围确定调查报告的主题。调查报告的主题是调查报告的关键问题，主题是否明确、有价值，对调查报告有很大的影响。

📖 延伸阅读

确定主题应注意的问题

调查报告的主题必须与调查主题相一致。一般来说，调查的主题就是调查报告的主题，因此选题也是确定调查主题的关键。调查主题在市场调查之初即已基本确定，而调查报告的主题观点则产生在调查分析之后。

要根据调查分析的结果确定观点并重新审定主题。有时，调查报告的主题不一定就是调查的主题，两者并不一致。这主要是因为有时调查主题涉及面过宽或问题较多，因而需要重新确定主题以缩小范围；有时在调查主题的范围内有些情况和问题因材料不充分，或调查分析较肤浅、没有把握而需要重新确定主题；或者是在调查分析过程中发现主题缺乏新意或价值不高，必须依据实际应用价值重新进行确定。

调查报告的主题不宜过大。为便于反映问题，主题要相对小一些，同时较小的主题也更容易写。

（二）选择材料

材料是形成调查报告主题观点的基础，观点决定材料的取舍。只有达到材料与观点的高度统一，材料才能充分地说明调查报告的主题。在撰写调查报告时，必须保证论证材料充分，做到言必有据。充分的材料不仅应是客观的真实材料，还必须是全面反映事物本质的典型材料。通常还应有侧面或反面的材料，以说明和支持作者的结论。

延伸阅读

选择材料应注意的问题

首先，要选取与主题有关的材料，去掉无关的、关系不大的、次要的、非本质性的材料，使主题集中、鲜明、突出。

其次，要注意材料点与面的结合，材料不仅要支持报告中的某个观点，而且要相互支持，形成面上的"大气"。

最后，在现有有用的材料中，要比较、鉴别、精选材料，选择更好的材料来支持作者的观点，使每一份材料能"以一当十"。

（三）拟定提纲

提纲是调查报告的骨架，可以帮助写作者理清思路，展示调查报告各部分之间的联系。调查报告写作提纲可分为条目提纲和观点提纲两类。条目提纲就是从层次上列出报告的章节，观点提纲要列出各章节要表述的观点。

拟定提纲，一般先把调查报告分成几大部分，然后充实各部分内容，按次序或按重要程度，横向或纵向罗列编制成较细致的提纲。提纲的细致程度也反映了作者对写作内容了解的程度。提纲越细致，说明作者对材料、内容的掌握越深入、具体，作者的思路越清晰，在撰写报告时也会更顺手。拟定调查报告写作提纲的另一作用，是使作者深思熟虑、精益求精，也便于作者对调查报告进行结构调整。因此，提纲的作用是不可低估的，提纲不是可有可无的。即使是有经验的作者，也应于撰写调查报告之前拟定写作提纲，最好是较详细的提纲。

案例链接

关于×××的市场调查报告

为了深入了解×××的消费情况，特进行此次调查。调查由×××承担，调查时间是××××年××月至××月，调查方式为×××调查，本次调查选取的样本是×××。

各项调查工作结束后，×××将调查内容予以总结，其调查报告如下。

一、调查对象的基本情况（以叙述、说明为主要的语言表达方式）

二、专门调查部分及情况分析（以议论为主要的语言表达方式）

三、结论与建议（以议论为主要的语言表达方式）

×××

××××年××月××日

（四）撰写初稿

根据写作提纲和所选择的已经加工分析过的材料，在把握观点、确定格局的基础上，作者运用恰当的语言表达方式和文字技巧，充分运用调查中的材料，撰写市场调查报告的初稿。

在撰写初稿时应注意：一要结构合理；二要语言规范，具有审美性与可读性；三要通俗易懂，注意数字、图表、专业名词和术语的使用，做到深入浅出，语言具有表现力，表达准确、鲜明、生动、朴实。

（五）修改定稿

在调查报告的初稿完成后，要对初稿进行反复的加工提炼，直至定稿。这主要包括对初稿进行整体修改、层次修改、文字润色等，以保证调查报告的质量和水平。在完成这些工作之后，才能定稿向上报送或发表。

六、市场调查报告写作注意事项

（一）正确把握文体性质和表达方法，做到准确恰当、言之有序

市场调查报告是一种兼用说明、叙述和议论等多种表达方式，而又不同于一般说明文、记叙文和议论文的一种应用文体。它既要运用叙述、说明的方法介绍市场情况，说明预测背景，兼用数据、图表、公式来佐证，又要运用议论的方法分析资料，阐明事理，表达见解。

案例链接

常用图形示例

图形因其具有直观、形象、美观和富有吸引力的特点而越来越多地被运用于报告中，以便读者理解报告内容。最常用的图形有饼图（见图 3-1）、柱形图、条形图（见图 3-2）等。

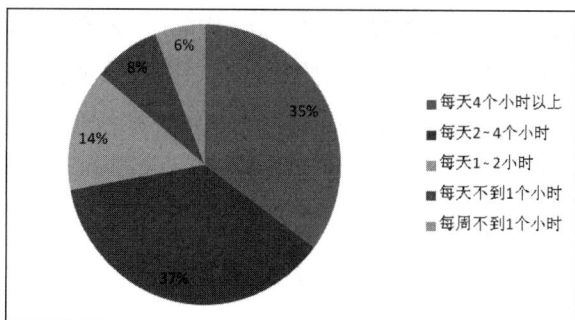

图 3-1　饼图示例：微博用户的平均上网时间

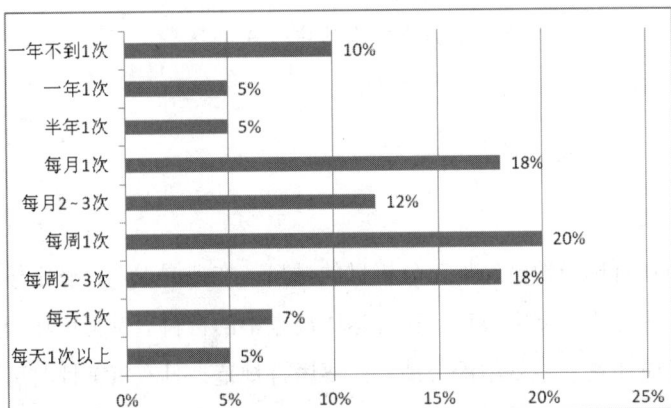

图 3-2　条形图示例：微博用户更新频率

制图时应注意以下问题：

1．图形应标明标题和编号；

2．图形的颜色和纹理选择要有一定的逻辑性；

3．图标的位置要恰当；

4．图形的排列要符合人们的视觉习惯；

5．图形的数据来源应说明清楚；

6．尽量使用 Excel 电子表格制图。

以下是部分市场调查报告中选用的图形示例。

市场调查报告一般内容丰富、材料繁多，写作者应做到条理清晰、言之有序，使内容多而不散、繁而不乱，这就要求作者注意以下 3 点。

① 写作时要对材料进行归类整理，区分不同性质的材料，不可把性质不同的材料混在一起，造成内容混乱。

② 按事物的内在逻辑组织结构顺序。一般来说，市场调查报告基本按照发现和提出问题、分析问题、解决问题的规律来安排结构。

③ 要注意围绕中心叙述问题，以使报告重点突出、意脉贯通，不可游离题外、"节外生枝"。

（二）重事实、重数据，保证信息的有效性

市场调查报告的价值，在于提供确切有效的信息。因此，写调查报告必须以调查得到的材料为依据，遵循重事实、重数据、用事实数据讲话的原则，言之有理。调查报告中的所有观点、结论都要有大量的调查资料作为根据。报告引用的各种事实和数据资料必须是确凿可靠的，能够呼应观点、说明结论，还要能反映事物本质，具有典型意义，即使是推算也要科学合理，具有说服力。

（三）文风朴实，简洁明了

市场调查报告的文风要力求朴实、简洁明了、通顺流畅，以体现实事求是的精神，尤其要注意准确运用专业术语、数据图表及概括性语言，以正确地反映客观实际。

（四）讲究时效

由于市场变化快，市场调查报告也应及时迅捷地为有关部门提供有价值的信息，这是保证其有效性的关键。市场调查所得情况要及时地反映和传递，依据过时的信息，非但不可能做出准确的预测和科学的决策，有时甚至会产生负面效果。撰写市场调查报告一定要在文中写明两个时间：市场调查报告本身的起止时间和调查对象的情况如材料、数据等的起止时间。

课后练习

放眼校园（市场），请同学们就自己观察到的问题制作调查方案、选择调查方法与对象、收集整理资料，拟写一份调查报告。

第二节　可行性研究报告

一、可行性研究报告的概念

可行性研究报告，是指党政机关、企事业单位、团体或个人为开发新项目或建设某一项目、进行科学试验或新产品投产前，全面分析论证该项目实施的必要性、可行性和有效性而编写的一种书面报告。

可行性研究报告重在"可行性"，它研究的是"行得通"或"有成功的可能"。写作者对项目所面临的地理条件、市场情况、资产情况、原材料供应、生产工艺、生产规模等问题进行调查、预测和论证，得出开发项目的必要性、技术的适应性、可靠性、先进性及建设条件的可能性、经济的合理性等结论，这就是可行性研究。对项目进行可行性研究是投资前必不可少的环节，对投资者来说，可行性研究是"投资前研究"，在确定投资项目之前，必须经过反复论证和比较，通过研究提出方案，提交有关部门，组织专家对可行性研究报告进行评审、鉴定。可行性研究报告的任务是：争取获得有关部门批准，争取获得银行贷款和国内外投资者的投资，作为编制计划和项目设计的依据。

另外，在一些大型项目的可行性研究中，金融机构会直接参与，以保证研究结论的可信度。无论是新增固定资产，还是开发技术产品或课题研究，特别是大型的工程项目等，都需要筹集大量的资金。在市场经济的条件下，融通资金的机构必须保证贷款本金和利息的回笼，因此，项目经济效益的可行性分析自然成为金融机构进行融资决策的主要参考资料。

案例链接

射频无极荧光灯目前是否投资生产的可行性研究报告

射频无极荧光灯是荧光灯更新换代后出现的一种新光源，已获国家发明专利。射频无极荧光灯属电子灯，它采用射频电源，通过介质放电原理，激发灯管中的汞蒸气，使汞原子发出紫外光子，被涂在灯管内壁的荧光粉吸收紫外线，从而发出可见光。作为一种新产品，射频无极荧光灯目前进行投资生产是否可行，这需要做可行性分析论证。

首先，与现有节能灯比较，射频无极荧光灯有以下特点：能效高、寿命长、适用面广、形式多样、光谱好、调光性好、性价比优。

其次进行投资分析，对建厂投资、设备投资、流动资金、中试费用、人员及工资、专利转让费等进行分析，明确所需投资额度。

再分析本产品在市场上的竞争力、占有率。

接下来进行成本分析，计算所需的各种费用，得出生产每只射频无极荧光灯的成本。

最后做投资回报分析，通过预计其产量、销售量、价格、利润，估算收回投资的时间及盈利情况。

结论：这项投资可取得丰厚的经济效果。

【案例评析】

这是产品投产前所做的可行性研究报告，因产品在企业内部已经进行了较多的分析，所以本篇可行性研究报告从内容上看就显得较为简洁。

二、可行性研究报告的特点

（一）严格的论证性

可行性研究报告是在项目建设前，从经济、技术、财务、市场销售等方面对该项目进行综合分析论证，并就法律法规、方针政策、环境保护、科技发展及其对社会的作用和影响等因素，做出科学论证与评价的书面表达形式，具有严格的论证性。论证是否科学严谨直接关系到项目能否立项以及实施的结果如何。

（二）分析的系统性

可行性研究报告要解答的是该项目能否实施、何时实施、如何实施等问题。因此，在可行性研究报告中，作者必须围绕影响建设项目的各种因素进行全面系统的分析。这种可行性分析既是宏观的，又是微观的；既要分析外部环境因素，又要考虑内部条件。可行性研究实际上是一个系统工程，只有经过系统分析后撰写的可行性研究报告，才能得出正确的合乎实际的结论。

（三）缜密的科学性

可行性研究报告不仅要阐明项目在技术和经济上所依据的理论、原理，说明项目的科学性，还要运用大量的数字、资料来论证该项目在技术上、经济上是否可行，因此，在论证的过程中写作者需要使用介绍、分类、比较、图表、数字等多种说明方法。

（四）内容的综合性

可行性研究报告涉及的范围非常广泛，一般包括市场需求、技术上的可能性、资金预算等多方面的内容，大型项目的可行性研究报告更为复杂。因此，可行性研究报告在内容上具有综合性，在撰写时需要多方面人员的合作。

三、可行性研究报告的分类和作用

（一）可行性研究报告的分类

按内容划分，可行性研究报告可分为政策可行性报告和建设项目可行性报告。政策可行性报告主要对经济、技术的政策和措施的必要性、有效性以及实施的可行性进行分析论证，为科学决策提供依据。建设项目可行性报告主要是指利用外资、技术改造、技术引进和进口设备等项目的可行性报告，包括自营项目、合营项目和引进项目。

按范围划分，可行性研究报告可分为一般可行性报告和大中型项目可行性报告。一般可行性报告是指规模较小、投资较少的小型项目的可行性报告，包括扩建项目、常规性技术改造项目、某一方面经营管理改革和单项科学实验等。大中型项目可行性报告主要指规模大、投资多、涉及面广的项目的可行性报告，包括新建项目、工程量大的技术革新项目、全局性的经营管理改革和重大科学实验等，这类可行性报告的写作一般应分阶段编写。

按性质划分，可行性研究报告可分为肯定性的可行性报告、否定性的可行性报告和选择性的可行性报告。肯定性的可行性报告肯定项目实施的必要性和可行性，多数可行性报告都属于此类。否定性的可行性报告否定项目实施的必要性和可行性。选择性的可行性报告一般包括两篇以上可行性报告，可供决策者选择。

（二）可行性研究报告的作用

可行性研究报告可以为投资决策提供科学依据。做好可行性研究，重视投资前的分析研究工作，可以避免盲目投资导致的问题。

可行性研究报告有利于政府职能部门的宏观调控。投资项目，尤其是大中型投资项目的确都需要政府或有关主管部门审批。在项目与整体规划相适应的情况下，拟建项目能否得到政府部门批准，可行性研究报告起着关键作用。

可行性研究报告能为保证资金来源提供条件。大部分准备开展的项目，对于资金筹措问题，或请求上级拨付，或向银行贷款，或由外商投资，或与其他企业合作。无论谁投资，他们都要借助可行性研究报告了解项目的可行性和项目建成后的投资收益，进而确定投资规模和投资方向。因此，可行性研究报告是拟建单位争取国家财政部门支持、争取国内外投资的有效手段。

可行性研究报告能有效防止官僚作风，提高科学管理效益。可行性研究报告是在充分调查研究、综合分析的基础上，经过专家科学论证后形成的一种基本可靠的结论性、权威性意见，它在防止长官意志，提高经济建设和科学管理效益方面起到了重要作用。

四、可行性研究报告的基本内容

可行性研究报告的主要内容如下。

（一）基本情况

中外合资经营企业名称、法定地址、宗旨、经营范围和规模；合营各方名称、注册国家、法定地址和法定代表人姓名、职务、国籍；企业总投资、注册资本股本额（自有资金额、合营各方出资比例、出资方式、股本交纳期限）；合营期限、合营方利润分配及亏损分担比例；项目建议书的审批文件；可行性研究报告的负责人名单；可行性研究报告的概况、结论、问题和建议。

（二）需求预测和拟建规模

市场需求分析主要包括市场调查和市场预测两部分内容。拟建规模是指在市场分析确认市场对项目产品有较大需求量之后，为了进一步构造项目的具体方案，需要确定项目的生产规模，更具体地说就是要确定项目的设计产量。

（三）物料供应安排（包括能源和交通运输）及其依据

拟建项目的建设和生产所需要的物料清单，选择物料供应方案并最终编制主要物料供应表。

（四）项目地址选择及其依据

项目地址的选择，包括项目地址的自然条件、经济条件、社会条件和交通运输条件等。土建工程要说明建筑面积、结构、实物工程量及造价。

（五）设计方案

设计方案包括工艺技术方案和设备方案两大部分。工艺技术方案的选择应遵循先进实用原则，方案内容主要包括技术名称、技术水平、技术引进、工艺流程和要求。同时，选择工艺必须联系项目的生产规模、产品质量要求、产品成本与价格，所需原材料和能源等的供应情况。另外，还应考虑到劳动就业、环境保护等其他社会目标。

工艺技术方案确定后，就要根据项目生产规模和工艺过程要求选择设备的名称、型号、规格、数量、质量及配套工程、辅助设施等。选择设备必须与工艺技术的选择联系起来。

（六）环境污染治理和劳动安全保护及其依据

建设项目，特别是工业项目，在给社会带来效益的同时往往也给环境带来了污染。在进行可行性研究时，应遵照国务院发布的《建设项目环境保护管理条例》等文件及项目所在地区的环境保护法规，为建设项目提出经济有效的环境保护措施或治理方案。

（七）企业组织、劳动定员和人员培训

企业组织机构设置和人员配备必须与生产需要和工艺技术相适应，并有利于各部门、各专

业之间的分工合作。

（八）建设方式、建设进度安排及其依据

编制项目实施进度表，应参照有关部门为我国部分重点建设项目的建设框定的年限进行，具体编制内容包括签订相关合同、各类设计、工程施工、设备供应、生产准备、何时生产和验收等环节的安排，项目实施工作时间一般按月计算。

（九）投资估算和资金筹措

建设项目总投资主要由固定资产投资、固定资产投资方向调节税、建设期借贷利息和流动资金四大部分构成。投资估算主要是固定资产投资概算和项目流动资金估算。

（十）综合分析（包括经济、技术、财务和法律方面的分析）

要采用动态法和风险法（或敏感度分析法）等方法分析项目效益和外汇收支等情况。

（十一）必要的附件

必要的附件如合营各方的营业执照副本，法定代表人证明书，合营各方的资产、经营情况资料，上级主管部门的意见。

上述内容适用于工业新建项目，其他可行性研究也可以此为基础，结合不同业务的需要予以增减。下面列出工业项目可行性研究报告和企业项目可行性研究报告的编制提纲，供读者学习使用。

案例链接一

工业项目可行性研究报告编制提纲

项目概要：（包括项目名称、项目摘要、项目法人代表、项目单位及地址、项目联系人、联系电话等）

一、项目基础资料

（一）项目提出的背景和必要性。

（二）项目技术来源、技术的先进性和成熟性。

（三）项目单位基本情况。

二、市场分析

（一）需求预测。

（二）产品市场占有率分析。

三、项目内容、规模和进度

（一）建设内容和实施方案。

（二）主要产品的技术和经济指标。

（三）建设规模和时间进度。

四、建设地点和自然条件

（一）建设地点选择。

（二）自然条件。

五、工艺及设备

（一）主要的工艺流程和技术方案。

（二）主要的设备选型和设备清单。

六、项目建设所需的条件

（一）供电、给水及配套设施。

（二）原材料来源及供应。

（三）生产厂房及配套设备。

七、环境保护及消防措施

（一）污染源、污染物及环保措施。

（二）原料、产品的安全性能及安全防护措施。

（三）劳动保护、消防措施。

八、项目投资

（一）项目总投资。

（二）资金来源、用资计划、用汇计划及可行性。

（三）资金偿还、投资回收计划及相应措施。

九、项目的财务评价和风险分析

（一）产品成本估算。

（二）销售和利润的估算。

（三）财务各项指标的计算与分析。

（四）项目的盈亏分析和风险分析。

（五）项目的经济分析和结论。

十、有关附件、附表

（一）项目进度、年度计划实施表。

（二）企业的资产负债表。

（三）环保及消防部门对项目的评估意见。

（四）城建规划部门对项目选址的意见。

（五）主要设备清单。

（六）固定资产投资分析估算表。

（七）项目资金筹措计划表。

（八）总成本估算表。

（九）现金流量表。

（十）项目的各种费用估算表。

（十一）损益表。

（十二）敏感性分析表。

（十三）还款计划表。

（十四）流动资金估算表。

（十五）固定资产折旧估算表。

（十六）其他有关附件及附表。

案例链接二

企业项目可行性研究报告编制提纲

一、总论

（一）简述申请项目的主要内容、社会经济意义、目前进展情况、申请的必要性。

（二）简述本企业实施该项目的优势和风险。

（三）项目计划目标。

1. 总体目标：包括项目执行期间的预计投资总额、项目完成时达到的生产规模、与年生产能力、企业资产规模和企业人员规模等。

2. 经济目标：包括项目完成时预计实现的年工业总产值、年工业增加值、年销售收入、年缴税总额、年净利润、年创汇额等。

3. 技术、质量指标：包括项目完成时项目产品达到的主要技术性能指标及企业通过的质量认证、项目产品执行的质量标准、项目产品通过的国家相关行业许可认证等。

4. 分阶段描述项目执行过程中的各阶段目标。

（四）主要技术经济指标对比（项目实施前后的比较）。

（五）可行性研究结论。

二、申报企业情况

（一）申报企业基本情况：企业名称、地址、开业时间、人员总数、注册资金、企业登记注册类型、主管单位（部门）名称等。

（二）企业人员及开发能力论述：企业负责人的基本情况、主要经历、技术专长、创新意识、开拓能力及主要工作业绩；企业管理层的知识结构、年龄结构和企业人员总数、平均年龄；管理、技术开发、生产、销售人员比例；新产品开发情况、技术开发投入额及研究开发投入额占企业销售收入的比例；研发机构情况和项目负责人的基本情况、主要经历、技术专长等。

（三）企业财务经济状况：上年末企业总资产、总负债、固定资产总额、总收入、产品销售收入、净利润、缴税额、流动比率、速动比率、总资产报酬率，以及今后 3 年的财务预测等。

（四）企业管理情况：企业管理制度、质量保障体系的建设情况、产权明晰情况、经营网络建设情况和企业信用等级、商营、获奖情况等。

（五）企业发展思路（略）。

三、项目技术可行性分析

（一）项目的技术开发论述，包括本项目知识产权情况介绍，关键技术及创新点的论述，项目产品的技术性能水平与国内外先进水平的比较，技术依托单位或合作单位的基本情况论述。

（二）技术成熟性和项目产品可靠性论述，包括技术成熟阶段的论述、有关部门对本项目技术成果的技术鉴定情况；本项目产品的技术检测、分析化验的情况；该技术进行小批量、小规模试生产的情况，如生产质量的稳定性、成品率等；本项目产品在实际使用条件下的可靠性、耐久性、安全性的考核情况等。

四、项目产品市场调查和需求预测

（一）国内外市场调查和预测，包括本项目产品的主要用途、目前主要使用行业的需求量和未来市场预测；产品经济寿命期，目前所处的阶段，开发新用途的可能性；本项目产品销售范围内竞品的主要生产厂家、生产能力、开工率，以及在建项目和已批拟开工建设项目的生产能力、预计投产时间等。

从项目产品的质量、技术、性能、价格、配件、维修等方面，分析本项目产品的国内外市场竞争能力，预测产品替代进口或出口的可能性，并分析国家对本项目产品出口及进口国对本项目产品进口的政策、规定。

（二）分析本项目产品主要的市场风险及防范的主要措施。

五、项目实施方案

（一）技术方案论述：根据确定的建设规模、产品标准、原材料要求与单耗等，进行生产技术、工艺流程、主要技术参数等方面的论述。

（二）生产方案论述：论述生产设备及原辅材料的来源、供应渠道、给排水工程方案和电、汽、热的供应及工程方案、生产场地的选择等；论述本企业在生产场地、公用工程、辅助设施等方面已具备的条件和新增加的基本建设内容。

（三）环境保护与劳动安全：简述生产过程中的"三废"的排放点、内容、数量与"三废"处理的措施和方案，生产过程中的职业危害因素分析及采取的保护措施。

（四）特殊行业许可证报批情况：如国家专卖、专控产品、食品、医药产品、交通安全产品、压力容器产品、电信产品等许可报批情况的说明。

（五）产品营销计划：论述本项目产品的营销方式、营销计划和保障措施，预测相应营销费用。

六、新增投资估算、资金筹措

（一）新增投资估算：根据项目建设要求，估算项目总投资、已完成投资、需新增投资；根据项目新增投资总额，编制新增固定资产投资估算表和流动资金估算表。

（二）资金筹措：按资金来源渠道，分别说明各项资金的来源、预计到位时间、使用条件；利用贷款的，要说明贷款条件、利率；企业自有资金部分应说明筹集计划，政府拨款部分应说明由哪级政府拨款、资金使用条件、资金到位时间；申请资本金注入的项目应说明投资各方的情况、各方出资数额、出资资本构成、占注册资本的比例；根据项目实施进度和筹资方式，编制投资使用计划。

根据项目实施效益、企业资金状况，说明有偿使用资金部分的还款资金来源及还款计划。

七、经济、社会效益分析

（一）生产成本和销售收入估算：按财务制度的规定，估算项目产品的生产成本和总成本，并分别列表计算结果；预测项目完成时项目产品的年销售收入、年净利润、年缴税总额、年创汇或替代进口情况。

（二）财务分析：以动态分析为主，对项目产品的获利能力、债务偿还能力进行分析，分析需以财务内部收益率、投资回收期、投资利润率等作为主要评价指标。

（三）社会效益分析：分析项目对提高地区经济发展水平的影响，对合理利用自然资源的影响，对保护环境和生态平衡以及对节能的影响等。

（四）项目的风险性及不确定性分析：对项目的风险性及不确定性因素进行识别，包括技术风险、人员风险、市场风险、政策风险等；进行盈亏平衡分析和敏感性分析，进而分析不确定性因素对项目经济评价指标的影响，分析项目的抗风险能力。

八、项目可行性研究报告编制说明

（一）可行性研究报告编制单位的名称、基本情况、负责人、联系电话。

（二）可行性研究报告编制者的姓名、年龄、学历、所学专业、工作单位、职务、职称。

九、项目可行性研究报告的专家论证意见

论证意见包括以下几点。

（一）对项目可行性研究报告的真实性、科学性、立项意义的评价。

（二）对项目可行性研究报告中的技术经济指标、技术路线的准确性、可行性的评价及修改意见。

（三）对项目投资预算的评价。

（四）对项目实施、完成计划内容的可行性的评价。

（五）其他有关建议。

专家论证组专家名单包括姓名、年龄、工作单位、学历、所学专业、现从事专业、职务、职称、联系电话及专家签名。

×××学院创业中心

××××年××月××日

五、可行性研究报告的写作要求与原则

（一）可行性研究报告的写作要求

一是要组织研究小组。可行性研究报告涉及面较广，内容繁杂，仅靠个人是难以完成的，需要依靠集体的智慧和多方面的知识，所以，必须由各方面专家组成一个项目可行性研究小组，共同承担这项任务。除了征求有关部门的意见外，有条件的企业或单位可以请咨询和公证机构提供项目咨询和可行性研究的公证。如果是重大项目的可行性研究，还要委托咨询公司或设计院进行项目的可行性研究。

二是要实事求是，不能任意夸饰。

三是内容要全面完整，数据要准确具体，行文条理清晰，语言要准确、简练。

（二）可行性研究报告的写作原则

1. 做好调查研究，保证材料真实可靠

首先要切实进行行业研究和市场调研。企业决策者及项目开发人员要特别重视这部分工作。项目评估、论证及研究其是否可行才是目的，不要本末倒置。其次要按类别分析材料，对各种情况做出准确的判断。要从理论上对材料以及根据材料做出的判断进行分析，对各项指标认真进行核算，最后得出科学、客观、明确的结论。

2. 注重经济评价

对投资项目客观的经济评价是建立在合理预测各项财务数据的基础之上的，主要包括收入预测和总成本费用预测。由于生产要素、市场和用户需求以及产品价格等都可能发生变化，所以在经济评价中，要将影响项目收入和支出的各个科目尽量细化，分门别类进行分析，做出预测，然后将各项预测结果汇总，即由细节预测推算出总的结果，而不是从大的方面进行整体预测，再按照预测的结果对不同部分做细微的调整。

六、可行性研究报告的结构及格式规范

可行性研究报告是一种论证性、专业性较强的文种，篇幅一般较长，多使用"总—分—总"模式，也有的可行性研究报告采用"总—分"式结构，即把情况概述和结论放在一起，在开头部分阐明。一般来说，可行性研究报告由标题、正文、附件3个部分组成。

（一）标题

标题即可行性研究报告的名称。标题一般由单位名称、可行性研究对象和文种3部分组成。通常用"关于……"引导可行性研究的对象，如《关于××娱乐中心世界娱乐城的可行性研究报告》；也可省略"关于"这样的引导词，如《××印染厂技术改造可行性研究报告》。

（二）正文

正文主要包括概论、市场研究、技术论证、经济分析和结论 5 个部分，有的可行性研究报告还有实施计划或进度。在实际写作中，应根据工程项目的大小和复杂程度决定正文内容的繁简。若是工程复杂的大中型项目，技术论证和经济分析部分还可再分题拟写。

1. 前言

前言包括项目名称、项目主办单位及主要负责人、可行性研究工作组、研究工作的依据和范围、项目背景资料、项目的必要性、经济意义、采用的分析方法及有关的政策文件等。

2. 主体

可行性研究报告的主体应包括以下 8 个方面的内容。

① 项目概况：包括项目的名称、基本内容、主要产品、建设性质和目的等，对项目前期工作的依据和进度情况也要做简要说明。

② 市场分析：主要有需求、供应、市场范围、生产规模、竞争能力等情况分析。这部分内容应以市场调查和市场预测为基础，应对拟建或改建项目的现在与未来的市场供求状况进行分析比较，考虑行业规划与国民经济规划的要求，对项目的建设规模做出评价。

③ 建设条件：这部分内容主要分析资源、工程地质、水文地质条件、燃料动力供应与交通运输、协作配套项目的落实情况以及环境保护治理方案、企业地址选择的合理性等，还应分析施工力量、施工技术、施工物资供应的可能性和经济性等。

④ 工艺技术：这部分主要评估项目所采用的设备、工艺技术是否先进、适用，是否符合实际情况。

⑤ 投资计划及财务预测：这部分主要对总投资、投资内容、资金筹措等进行评估，也包括对产品成本、销售收入、各项经济技术指标以及税金、盈利水平、偿债能力、贷款利率及条件等基本数据的审查分析。

⑥ 企业经济效益：主要分析计算企业财务净现值和财务内部收益率、投资利润率、投资利税率、投资创汇率等指标。

⑦ 国民经济效益：这部分主要按照影子价格评估项目建成后对国民经济所做的贡献，一般需要分析经济净现值、内部收益率、净产值内部收益率、纯收入净现值、纯收入内部收益率、经济净现值率、投资净效益率等指标。

⑧ 风险分析：这部分主要通过分析影响项目财务效益和国民经济效益的不确定因素的变化，考察这些因素变化后对项目财务效益的影响程度。

3. 结论和建议

在对投资必要性、技术可行性、财务可行性、组织可行性、经济可行性、社会可行性、风险因素及对策等内容进行了系统的分析之后，应对整个可行性研究做出综合分析评价，或提出投资少、建设周期短、经济效益好的最佳方案。如果最佳方案已经在技术论证和经济分析中表述清楚了，项目的可行性研究论断也在正文中表达清楚了，那么在结论中就可以不写这部分内容。如果前面没有表述清楚，就有必要对整个项目的可行性做出总结，提出合理化建议。

（三）附件

可行性研究报告除正文外，还有众多附件及附表，应一一附上，不要缺漏。附件主要包括与有关部门签订的关于资金、场地、生产协作、配套基础设施、环境保护等问题的协议文件，上级业务主管部门的签署意见，以及与外商有关的证明文件等。

延伸阅读

基本建设可行性研究报告的基本结构

基本建设可行性研究报告的正文一般由以下 10 个部分构成。

1. 总论

总论是对可行性研究对象的概述，对项目总体情况的简要说明，主要包括以下 3 个方面的内容。

（1）项目提出的背景、项目意向形成的过程，以及指定的原则和主要数据。

（2）概括地说明项目的规模、标准、经济效益和现实意义。

（3）说明提出该项目的依据。

2. 需求预测和拟建规模

需求预测是可行性研究的关键环节，一般包括以下 3 个方面的内容：市场需求预测、销售预测和生产、经营计划以及建设项目的比较方案。这部分中的几乎每一项内容都需要用数字或表格加以说明，以便进行量化分析。

3. 资源、原材料、燃料及公用设施情况

写作这部分内容时应注意，建设项目不同，叙述的侧重点也应不同。

4. 建设地址和外部条件

这部分主要介绍几个待选地点的自身条件和外部环境，包括各个地点的地质地形、水文、气象和交通运输状况，水、电、气、动力的供应情况及发展趋势，最后应选定一个最佳地址。需要用图表和数字加以说明和估算。

5. 设计方案

本部分主要叙述新建项目的主体构成和所涉及的范围，包括为项目服务的附属设施的情况。

6. 环境保护

本部分内容主要是在分析现有环境的基础上，预测拟建项目可能对环境产生的影响，提出保护环境、治理"三废"的方案。

7. 劳动组织及人员培训

8. 实施进度

9. 投资估算和资金筹措

10．财务和经济效果评价

最后，明确地说明研究结论，指出该项目可行或不可行。

七、可行性研究的写作步骤

（一）初步确定项目规模、目标和任务

在初步确定项目规模、目标和任务时，要考虑到资源方面的限制和条件的约束。

（二）研究该项目当前的运行系统

为了对市场供需情况进行分析，写作者必须收集、整理、研究该项目当前运行的系统，通过实际调查，建立文档资料，以反映该项目系统的运行现状。

（三）建立项目的抽象逻辑结构及模型

描绘各种数据在系统中的变化和发展状况，要以项目的抽象逻辑结构及模型为出发点。

（四）导出和评价各种方案

依据经济可行性、技术可行性、社会可行性等实施测评，得出几种解决方案，并对每一种方案的可行性进行分析研究。

（五）推荐可行方案

项目的可行性研究是否准确，关键在于能否准确预测其成功率、社会效果和经济效益。因此，通常要运用成本—效益分析法进行研究，以确定该项目的开发价值。若开发价值高，就要提出现实可行的解决方案，并说明原因或理由。

（六）编写可行性研究报告

将上述活动的过程和结果制作成书面文档，就是我们所说的可行性研究报告。

第三节 | 合同

一、合同的概念

《中华人民共和国合同法》（以下简称《合同法》）规定："合同是平等主体的自然人、法人、其他组织之间设立、变更、终止民事权利义务关系的协议。"合同不仅可以保护当事人的合法权益，还有利于维护社会经济秩序，更是政府进行宏观调控的依据之一。

二、合同的特点

（一）内容合法性

合法性是以发生法律效力为目的的协议的必然要求。《合同法》第八条规定："依法成立的

合同,受法律保护。"合同一旦成立,各方当事人就应当按照合同的约定,严格履行自己的义务,不得私自变更或解除合同。如果合同当事人违反合同的规定,不履行合同义务或履行合同义务不符合规定的,应采取补救措施、承担继续履行或赔偿损失等违约责任。

合同内容必须合法,只有这样,合同才能受到国家法律的承认和保护,否则合同行为将按无效合同认定和处理。如果合同行为是违法的,不仅不能实现预期的合同效力,过错者还要承担法律后果,情节严重的还要被追究法律责任。比如高利贷合同,我国法律是明确禁止的,国家不但不予以保护,还要依法取缔和禁止。

(二)格式规范性

合同是一种具有法律效力的文书,必须按《合同法》规定的固定、合法、准确、规范的格式订立。为了强化合同的法律约束力,《合同法》规定了一些重要经济合同的范本,称为格式合同,订立合同时,各方当事人在达成协议后逐条填写即可。格式合同使用起来十分方便,常用于经常性的经济活动往来。

有示范文本的,当事人可以参照各类合同的示范文本订立合同;暂无示范文本的,也要尽量按比较规范的样式拟订。

案例链接

劳动合同书

甲方(用人单位)	乙方(劳动者)
名称:	姓名:
性质:	性别:
地址:	出生年月:
法定代表人(委托代理人):	居民身份证号码:
	家庭住址:

甲乙双方根据《中华人民共和国劳动法》等法律、法规的规定,在平等自愿、协商一致的基础上,同意订立本劳动合同,共同遵守本合同所列条款。

一、合同的类型和期限

第一条　甲、乙双方选择以下第_____种形式确定本合同期限

(一)有固定期限:自_____年_____月_____日起至_____年_____月_____日止。

(二)无固定期限:自_____年_____月_____日起至法定的或本合同所约定终止条件出现时止。

(三)以完成一定的工作(任务)为期限:自_____年_____月_____日至工作(任务)完成时即行终止。

其中试用期自_____年_____月_____日起至_____年_____月_____日止，期限为_____天。

二、工作内容

第二条　根据甲方工作需要，乙方同意从事_____岗位（工种）工作。经甲、乙双方协商同意，可以变更工作岗位（工种）。

第三条　乙方应按照甲方的要求，按时完成规定的工作数量，达到规定的质量标准。

三、工作时间和休息休假

第四条　甲方安排乙方实行以下第_____种工作制。

（一）实行标准工时工作制的，甲方安排乙方每日工作时间不超过 8 小时，每周不超过 40 小时。甲方由于工作需要，经与工会和乙方协商后可以延长工作时间，一般每日不得超过 1 小时，因特殊原因需要延长工作时间的，在保障乙方身体健康的条件下延长工作时间每日不得超过 3 小时，每月不得超过 36 小时。

（二）实行综合计算工时工作制的，平均每日工作时间不得超过 8 小时，平均每周工作时间不得超过 40 小时。

（三）实行不定时工作制的，工作时间和休息、休假由乙方自行安排。

第五条　甲方延长乙方工作时间，应依法安排乙方同等时间补休或支付加班工资。

第六条　乙方在合同期内享受国家规定的各项休息、休假的权利，甲方应保证乙方每周至少休息 1 天。

四、劳动保护和劳动条件

第七条　甲方应严格执行国家和地方有关劳动保护的法律、法规，为乙方提供必要的劳动条件和劳动工具，建立健全生产工艺流程，制定操作规程、工作规范和劳动卫生制度及其标准。

第八条　如乙方从事存在职业病危害的工作，甲方应按国家有关规定组织上岗前和离岗时的职业健康检查，在合同期内应定期对乙方进行职业健康检查。

第九条　甲方有义务对乙方进行政治思想、职业道德、业务技术、劳动安全卫生及有关规章制度的教育和培训。

第十条　乙方有权利拒绝甲方的违章指挥，对甲方及其管理人员漠视乙方安全健康的行为，有权提出批评并向有关部门检举控告。

五、劳动报酬

第十一条　乙方试用期的工资标准为_____元/月。（试用期工资不得低于本单位同工种、同岗位职工工资的 80%）。

第十二条　乙方试用期满后，甲方应根据本单位的工资制度，确定乙方实行以下第_____种工资形式。

（一）计时工资。乙方的工资由以下几个部分组成：＿＿＿＿＿＿＿＿＿＿＿＿＿＿＿＿＿＿＿

＿＿。

其标准分别为＿＿＿＿＿元/月、＿＿＿＿＿元/月、＿＿＿＿＿元/月、＿＿＿＿＿元/月。如甲方的工资
制度发生变化或乙方的工作岗位变动，按新的工资标准确定。

（二）计件工资。甲方应制定科学合理的劳动定额标准，计件单价约定为＿＿＿＿＿元。

（三）其他工资形式。＿＿＿＿＿＿＿＿＿＿＿＿＿＿＿＿＿＿＿＿＿＿＿＿＿＿＿＿＿＿＿＿＿

第十三条　甲方应以法定货币形式按月支付乙方工资，发薪日为每月＿＿＿＿＿日，不得克
扣或无故拖欠。甲方支付乙方的工资，应不违反国家有关最低工资的规定。

第十四条　甲方安排乙方延长工作时间，应支付不低于乙方工资的 150% 的工资报酬；安
排乙方在休息日工作又不能安排补休的，应支付不低于乙方工资的 200% 的工资报酬；安排乙
方在法定休假日工作的，应支付不低于乙方工资的 300% 的工资报酬。

第十五条　非因乙方原因造成甲方停工、停厂、歇业，未超过一个月的，甲方应按本合同
约定的工资标准支付乙方工资；超过一个月，未安排乙方工作的，甲方应按不低于当地失业保
险标准支付乙方停工生活费。

第十六条　甲方安排乙方每日 22 时到次日 6 时期间工作的，每个工作日的夜班补贴为
＿＿＿＿＿元。

第十七条　乙方依法享受年休假、探亲假、丧假等假期期间，甲方应按国家和地方有关规
定的标准或劳动合同约定的标准，支付乙方工资。

六、社会保障和福利待遇

第十八条　甲方应按国家和地方有关社会保险的法律、法规和政策规定为乙方缴纳基本养
老、基本医疗、失业、工伤、生育保险费用；社会保险费缴纳部分，甲方可从乙方工资中代扣
代缴。甲乙双方解除、终止劳动合同时，甲方应按有关规定为乙方办理社会保险相关手续。

第十九条　乙方患病或非因工负伤的医疗待遇按国家和地方有关政策规定执行。

第二十条　乙方工伤待遇按国家和地方有关政策法规执行。

第二十一条　乙方在孕期、产期、哺乳期的各项待遇，按国家和地方有关生育保险政策规
定执行。

第二十二条　甲方为乙方提供以下福利待遇。

（略）

七、劳动纪律和规章制度

第二十三条　甲方依法制定的各项规章制度应向乙方公示。

第二十四条　乙方应严格遵守甲方制定的规章制度，完成劳动任务，提高职业技能，执行
劳动安全卫生规程，遵守劳动纪律和职业道德。

第二十五条　乙方违反劳动纪律，甲方可依据本单位规章制度，给予相应的行政处理、行

政处分、经济处罚，直至解除本合同。

八、劳动合同的变更、解除、终止、续订

第二十六条　订立本合同所依据的客观情况发生重大变化，致使本合同无法履行的，经甲乙双方协商同意，可以变更本合同相关内容。

第二十七条　经甲乙双方协商一致，本合同可以解除。

第二十八条　乙方有下列情形之一，甲方可以解除本合同。

（一）试用期间，被证明不符合录用条件的。

录用条件：（略）

（二）严重违反劳动纪律或甲方规章制度的。

（三）严重失职、营私舞弊，致使甲方利益遭受重大损害的。

（四）被依法追究刑事责任或劳动教养的。

第二十九条　有下列情形之一，甲方可以解除本合同，但应提前 30 日以书面形式通知乙方。

（一）乙方患病或非因公负伤，医疗期满后，不能从事原工作也不能从事甲方另行安排的工作的。

（二）乙方不能胜任工作，经过培训或工作岗位调整，仍不能胜任工作的。

（三）双方不能依据本合同第二十六条规定就变更合同达成协议的。

第三十条　甲方濒临破产进行法定整顿期间或生产经营发生严重困难（地方政府规定的困难企业标准），经向工会或向全体职工说明情况，听取工会或职工的意见，并向劳动保障行政部门报告后，可以解除本合同。

第三十一条　乙方有下列情形之一，甲方不得依据本合同第二十九条、第三十条终止、解除劳动合同。

（一）患职业病或因公负伤达到国家规定不得终止、解除劳动合同等级的。

（二）患病或非因公负伤，在规定医疗期内的。

（三）女职工在孕期、产期、哺乳期内的。

（四）复员退伍义务兵和建设征地农转工人员初次参加工作未满 3 年的。

（五）义务兵在服役期间的。

（六）担任集体协商代表在履行代表职责的。

（七）符合法律法规规定的其他情况。

第三十二条　有下列情形之一，乙方可以随时通知甲方解除本合同，甲方应当支付乙方相应的劳动报酬并依法为其缴纳社会保险。

（一）在试用期内的。

（二）甲方以暴力、威胁或者非法限制人身自由的手段强迫劳动的。

（三）甲方不能按照本合同规定支付劳动报酬或提供劳动条件的。

第三十三条　乙方解除劳动合同，应当提前30日以书面形式通知甲方。

第三十四条　本合同到期，劳动合同即行终止。甲乙双方经协商同意，可以续订劳动合同。

第三十五条　合同期满后，双方仍存在劳动关系的，甲方应与乙方及时补签或续订劳动合同，乙方符合续订无固定期限劳动合同条件的，甲方应与其签订无固定期限劳动合同。

第三十六条　订立无固定期限劳动合同的，出现法定终止条件或甲乙双方约定的下列终止条件出现，本合同终止。

终止条件：（略）

九、经济补偿与赔偿

第三十七条　甲方违反劳动合同的，应按下列标准支付乙方经济补偿。

（一）甲方克扣或无故拖欠乙方工资的，以及拒不支付乙方延长工作时间报酬的，除在规定的时间内全额支付乙方工资报酬外，还需加发相当于工资报酬的25%的经济补偿。

（二）甲方支付乙方的工资报酬低于当地最低工资标准的，要在补足低于标准部分的报酬的同时，另外支付相当于低于部分的25%的经济补偿金。

第三十八条　甲方解除乙方劳动合同，除本合同第二十八条规定情形外，甲方应按国家和地方有关规定支付乙方经济补偿。

第三十九条　甲方解除乙方劳动合同后，未按规定给予乙方经济补偿的，除全额发给经济补偿外，还需按该经济补偿数额的50%支付额外经济补偿。

第四十条　乙方患病或非因公负伤，经劳动能力鉴定委员会确认不能从事原工作，也不能从事甲方另行安排的工作而解除本合同的，甲方除按第三十八条执行外，还应发给乙方不少于6个月工资的医疗补助费（月工资标准按甲方正常生产情况下乙方解除合同前12个月的月平均工资计算，若乙方月平均工资低于企业月平均工资的，则按企业月平均工资标准执行）。患重病和绝症的还应增加医疗补助费，患重病的医疗补助费增加部分不低于医疗补助费的50%，患绝症的增加部分不低于医疗补助费的100%。

第四十一条　甲方发生故意拖延不与乙方续订劳动合同、与乙方订立无效劳动合同、违反规定或本合同约定侵害乙方合法权益以及解除劳动合同等情形之一，给乙方造成损害的，甲方应按下列规定赔偿乙方损失。

（一）造成乙方工资收入损失的，按乙方应得工资收入支付给乙方，并加付应得工资收入的25%的赔偿费用。

（二）造成乙方劳动保护待遇损失的，应按国家规定补足乙方的劳动保护津贴和用品。

（三）造成乙方工伤、医疗待遇损失的，除按国家规定为乙方提供工伤、医疗待遇外，还应支付相当于医疗费用25%的赔偿费用。

第四十二条　乙方违反规定或本合同的约定解除劳动合同，给甲方造成损失的，乙方应赔偿甲方下列损失。

（一）甲方为其支付的培训费和招收录用费。

（二）对生产、经营和工作造成的直接经济损失。

（三）本合同约定的其他赔偿费用。

十、违反劳动合同的责任

第四十三条　当事人一方违反本合同时，应承担相应的违约责任，向对方支付违约金_____元。

第四十四条　其他违约责任。

（略）

十一、双方约定的其他事项

（略）

十二、劳动争议处理

第四十五条　因履行本合同发生的劳动争议，当事人可以向本单位劳动争议调解委员会申请调解；不愿调解或调解不成，当事人一方要求仲裁的，应自劳动争议发生之日起 60 日内向劳动争议仲裁委员会申请仲裁，当事人一方也可以直接向劳动争议仲裁委员会申请仲裁，对仲裁结果不服的，可以向人民法院提起诉讼。

十三、其他

第四十六条　以下专项协议和规章制度作为本合同的附件，与本合同具有同等法律效力。

（略）

第四十七条　本合同未尽事宜，双方可另行协商解决；与今后国家法律、法规等有关规定相悖的，按有关规定执行。

第四十八条　本合同一式两份，甲乙双方各执一份。

第四十九条　乙方确定下列地址为劳动关系管理相关文件、文书的送达地址。如以下地址发生变化，乙方应书面告知甲方。

第五十条　以上条款内容甲乙双方在签署本合同前，均应仔细阅读，并详细了解本合同及附件内容，双方签字后合同即行生效。

甲方：（盖章）　　　　　　　　　　　乙方：（签名）

法定代表人：

联系方式（电话）：　　　　　　　　　联系方式（电话）：

_____年_____月_____日　　　_____年_____月_____日

（三）平等互利性

平等互利法，即合同各方当事人在法律地位上是平等的。在合同关系中，虽然当事人在权利义务上不尽相同，但是地位是平等的。只有当事人各方在自愿、平等的基础上产生这种民事法律行为，才能充分体现当事人各方的意见，达成的协议才能够体现当事人之间权利与义务的对等原则。无论当事人是公民、法人还是其他组织，不因当事人的职务、职业、经济实力、单位级别如何，作为合同当事人，他们的地位是平等的，一方不可以也无权强迫或要求对方接受自己的可能使合同内容有失公允的意见。如果发生这种情况，则合同无效。合同主体在法律上的平等原则，使合同内容充分体现当事人双方的经济利益和意志。

合同是协商、协作的产物，合同内容应是等价有偿的。如上例分别对合同的类型和期限，工作内容，工作时间和休息休假，劳动保护和劳动条件，劳动报酬，社会保障和福利待遇，劳动纪律和规章制度，劳动合同的变更、解除、终止、续订，经济补偿与赔偿，违反劳动合同的责任，双方约定的其他事项，劳动争议处理等方面的内容进行了比较明确、详尽的说明，明确了双方的权利和义务，让签订合同的双方各有付出与收益。

（四）协商一致性

协商一致性，即合同的签订是一个协商一致的过程，有两个或两个以上的当事人是合同成立的必要条件。合同条款内容只有表示当事人协商一致的意愿，才能成立。当事人从自身利益出发做出意思表示，双方或多方只有在自愿、平等的基础上进行协商，使意思表示达成一致，才能订立合同。不管当事人订立合同的目的是什么，只要达成协议依法成立并生效，合同就产生了法律效力，当事人也必须按照合同规定履行义务和享有权利。一旦订立合同，各方当事人便产生了民事权利和义务关系，如果由于变更而使原合同关系消失并产生新的合同，则不属于变更的范畴。如果当事人对协商的内容尚存分歧，无法达成一致，则合同不成立。如果没有当事人自愿，就根本不能谈当事人的合意，也就不存在合同。

在合同履行的过程中，如需要变更合同条款，也要重新协商补签。不经双方或多方协商一致而改变合同者，要承担违约责任。

三、合同的结构及写作方法

合同的基本内容包括标题、约首、正文和约尾 4 部分。

（一）标题

合同标题写在第一行居中，字体稍大。常用"事由+文种"作标题，如"订货合同""供应合同"；也可用文种作标题，如"合同"等。有的合同，还可由当事人根据自己的合同管理制度和方法在标题右下方填写合同编号。

（二）约首

约首写明订立合同的当事人双方或多方的单位名称、代表人姓名。一般空两格，在标题下写出订立合同签约单位或个人法定名称，并在其前或后注明用"甲方、乙方"等代称，如写"甲方：×××"或写"×××（以下简称甲方）"；如有第三方，可将其称为"丙方"；但不能写"你方""我方"，以免表述混乱。

（三）正文

正文是合同的主要内容，它分为引言、主体和结尾 3 部分。

引言需点明签订合同的目的、依据和签订过程、签订方式，通常写法比较固定，如"为了×××××，根据×××××，经双方协商同意，特签订本合同，以资共同恪守。"根据《中华人民共和国合同法》及有关规定，经双方协商一致签订合同如下……""为×××××，根据×××××签订本合同并共同遵守。"

主体部分即合同各方当事人的协议内容，要另起一段，逐条写明协议的具体条款。格式条款通常事先已定好，项目比较固定，只要填充具体内容即可；非格式条款内容可多可少，根据需要而定。主体根据《合同法》的规定主要包括以下内容。

1. 标的

合同标的就是合同关系中确定的各方当事人权利和义务共同指向的对象。它可以是物，如购销合同中出售的商品；可以是行为，如运输合同中承运人将旅客和货物运抵目的地的行为；还可以是技术和成果，如技术合同中的技术、出版合同中作者的作品。如果标的项目多，可另附页。

2. 数量与质量

数量是标的在量的方面的限度，是标的的计量。合同中必须明确地规定标的的数量、计量单位和计量方法。数量通常用数字和计量单位来表示，有的商品还需写明数量的正负尾差、合理磅差、自然减量和增量的计量方法。

质量是标的在质的方面的规定，是标的的内在素质和外观形态的基本要求，即质的规定性。它不仅指标的物的优劣，还包括产品的品种、规格、型号等。标的的质量标准力求规定得详细、具体、明确，有规定标准的按各方当事人共同认可的标准执行，如国际标准、国家标准等；没有规定标准的，由各方当事人协商确定。

3. 价款或报酬

价款或报酬是标的的价值。价款指商品交易中买方付给卖方的代价，包括单价和总金额，如购销合同中买卖商品的价款；报酬指接受服务一方付给提供服务一方的报酬，如雇佣合同中的劳动报酬。价款和报酬要合理公平，有政府规定价或指导价的，采用政府的规定价或指导价；没有政府规定价或指导价的，由当事人参照合同履行地的市场价格协商定价。

价款或报酬一般以货币数量表示。合同中还要明确价款或酬金的给付方式、银行账号等。

4. 履行合同的期限、地点和方式

履行合同的期限是合同当事人实现权利、履行义务的时间界限，包括合同有效期限和履行期限，超过期限未能履行合同的，就应当承担由此产生的后果。

履行合同的地点指合同履行的具体地点，包括交货、验货或承建工程的具体地点，必须规定得具体、明确，不能有歧义。

履行合同的方式指当事人以什么方式来履行合同，包括时间方式和行为方式两方面。时间

方式指的是一次性履行完毕还是分期履行；行为方式指当事人交付标的物的方式，如标的物的交付、运输、验收、价款结算等。

5. 违约责任

违约责任指当事人因为自己的过错，造成合同不能履行或不能全部履行而应承担的责任。《合同法》规定"当事人一方不履行合同义务或者履行合同义务不符合约定的，应当承担继续履行、采取补救措施或者赔偿损失等违约责任。"违约责任的条款应先定义在合同履行中可能出现的违约情况，而后写明发生这种情况后责任方应承担什么责任。承担违约责任的主要方式是支付违约金、赔偿金等。违约责任的追究是为了维护合同当事人的合法权益，体现了合同的严肃性。

除了以上 5 项主要条款以外，凡是法律规定的或按经济合同性质必须具备的条款，以及当事人任何一方要求必须规定的条款，也都可以是合同的条款，如发生纠纷时解决争议的方法、交易过程中的一些特殊要求等。通常有以下 3 种类型。

① 合同当事人各方经协商一致的特约条款，如对货物运输的包装要求、自然损耗率等方面的规定等，都应作为合同内容，根据需要具体说明。

② 不可抗力条款，即如果因不可抗力（如洪水、地震、台风等自然灾害）不能履行合同的，当事人可据此条款，按《合同法》规定，视不可抗力的影响程度，部分或全部免除责任。

③ 解决争议的办法，即当事人关于解决争议的程序、方法等约定，如优先选择和解、调解、仲裁，还是诉讼方式。

结尾部分应写明合同的有效期限、合同份数、留送何处、未尽事项处理办法、变更合同内容的条件、合同附件的名称和件数等。

总之，正文的主体部分是保证合同当事人合法权益的主要依据，必须明确各方当事人需要共同解决的问题、达到的目的以及由此产生的各自权利和义务。

（四）约尾

约尾包括署名、日期和附项。

1. 署名

署名主要包括签订合同的双方当事人的单位名称、法定代表人的签名和单位盖章。印迹要端正、清晰。如果需主管部门或公证机构审批、鉴证，则要写上主管部门或公证机构的名称、意见、日期，经办人签名并加盖公章。

2. 日期

日期以签订合同的日期为准。签约日期关系到合同的效力，必须写清楚。

3. 附项

附项一般包括双方当事人的单位地址、电话号码、开户银行、银行账号、邮政编码等内容，也可以写明合同的有效期限、注明合同一式几份、由谁保管等内容。

案例链接

借款合同

贷款方：中国银行分（支）行

借款方：（单位或个人）

保证方：（借款合同中是否应有保证方，应视借款方是否具有银行规定的一定比例的自有资金和适销适用的物资、财产，或者根据借贷一方或双方是否提出担保要求来确定。）

借款方为进行生产（或经营活动），向贷款方申请借款，并聘请_____作为保证人，贷款方业已审查批准，经三方（或双方）协商，订立本合同，以便共同遵守。

一、贷款种类：（略）

二、贷款金额：人民币（大写）_____元整。

三、借款利率：借款利息为千分之_____，利随本清，如遇国家调整利率，按新规定计算。

四、借款和还款期限。

1．借款时间共_____年_____个月，自_____年_____月_____日起至_____年_____月_____日止。借款分期如下：

贷款期限	贷款时间		贷款金额
第一期	年	月底以前	
第二期	年	月底以前	
第三期	年	月底以前	

2．还款分期如下：

还款期限	还款时间		还款金额	还款利率
第一期	年	月底以前		
第二期	年	月底以前		
第三期	年	月底以前		

五、还款资金来源及还款方式。

1．还款资金来源：（略）

2．还款方式：（略）

六、保证条款。

借款方聘请（单位或个人）作为自己的保证人，经贷款方审查，证实保证方具有足够代偿借款的资产。保证方有权检查和督促借款方履行合同。借款方不履行合同时，由保证方承担偿还本息的责任。保证方履行保证责任后，有向借款方追偿的权利。

七、违约责任。

1. 贷款方如未按期发放贷款，应按所欠贷款数额和延期天数，根据银行的规定向借款方偿付违约金。

2. 借款方如不按合同规定的用途使用借款，贷款方有权收回部分或全部贷款，对违约使用的部分，按银行规定的利率加收罚息。情节严重的，贷款方可在一定时期内停止发放新贷款。借款方如使用借款造成损失浪费，或利用借款合同进行非法活动，贷款方有权追回贷款本息。

3. 借款方若不按合同规定的时间还款，贷款方有权限期追回贷款，并按银行的规定加收罚息。

八、其他。

本合同非因《贷款通则》规定允许变更或解除合同时的情况发生，任何一方当事人不得擅自变更或解除合同。当事人一方依照《贷款通则》要求变更或解除本借款合同时，应及时采用书面形式通知其他当事人，并达成书面协议。本合同变更或解除之后，借款方已占用的借款和应付的利息，仍应按本合同的规定偿付。

本合同如有未尽事宜，须经合同各方当事人共同协商，做出补充规定。

补充规定与本合同具有同等效力。

本合同正本一式三份，贷款方、借款方、保证方各执一份。

合同副本一式_____份，报送机构等有关单位（如需公证或鉴证，应送公证或鉴证机构）各留一份。

贷款方：（公章）

代表人：（盖章）

地址：

电话号码：

借款方：（公章）

代表人：（盖章）

银行账户：

电话号码：

保证方：（公章）

代表人：（盖章）

银行账户：

电话号码：

签约日期：_____年_____月_____日

四、合同写作注意事项

（一）订立合同，必须依法办事

《合同法》规定，签订合同的主体和合同的内容必须符合国家法律、法规和政策的要求。否则，合同不仅不受法律保护，情节严重的还要依法追究法律责任。

（二）坚持平等互利、协商一致、等价有偿的原则

订立合同，各方当事人在法律上具有对等的权利与义务关系，必须本着自愿的原则，反复协商，达成一致意见。不允许出现一方把自己的意见强加给另一方，签订"霸王合同""胁迫合同"的情况。

（三）合同条款周密完备，内容具体明确

合同条款要齐全，主要条款不能缺漏。否则，当事人的利益将不能得到法律保护。而事实上，合同在拟订时缺漏必备条款的情况屡见不鲜，如不写明供方对产品质量负责的条件、期限等，其中较突出的问题是不写违约责任。有的是因为上下级之间订约，有的是一方有求于另一方，有的因为彼此是熟人关系等，如此不写违约责任条款，一旦发生纠纷，必有一方利益受损。合同条款应具体明确，才能准确执行。因运输方式不具体、不明确而引起运费纠纷，因到达港不具体、不明确将货物发错地点，因质量标准不具体、不明确而发生争议的案例，比比皆是，不容大意。

（四）用语准确、书写规范

合同使用的语言要准确、严谨，不能模棱两可或有歧义，以免发生不必要的争执。如合同履行期限要明确规定年、月、日，不能用"明年""秋季""以后""尽可能""左右"等模糊词语表达。对一些常用的专业词语，要准确把握，尽量避免使用"原则上不变""××、××等"容易造成歧义的表述，能确指的要确指。不得使用方言土语，以免因理解差异而留下隐患。同时，书写要规范，标点、数字要准确，金额等的数字要大写，避免"写错一个字，痛失百万元"等问题发生。还需认真处理附件和修订程序。

📚 延伸阅读

大学生就业实习协议书

（标题：协议内容+文种）

甲方：大学学生处

乙方（用人单位）：

丙方（学生）：

（约首：签订协议三方当事人全称）

为保证就业实习工作的顺利进行，保护学校、用人单位及学生的合法权益，甲乙丙三方本

着自愿合作的原则，经慎重协商，三方承认《大学生就业实习管理规定》对三方均有约束力，并达成如下就业实习协议。

（引言：概括合同签订的原则、依据，并用"达成如下……协议"习惯用语过渡。）

一、乙方要求甲方为其介绍丙方从事就业实习工作，相关事项如下。

1．工作内容：（略）

2．工作时间：（略）

3．就业实习报酬和福利待遇：（略）

二、在办理实习信息登记时，乙方在就业实习报酬外应向甲方支付管理费用＿＿＿＿＿元（即按实际聘用人数，每人管理费＿＿＿＿＿元或按学生酬金的＿＿＿＿＿％计）。管理费用于为丙方购买人身保险等。

三、乙方在丙方实习期间，不得无故克扣丙方的劳动报酬。乙方辞退或丙方辞职，乙方均需付足丙方自劳动开始之日至离开之日的全部报酬。乙方有权根据其用工需要而终止与丙方的实习用工关系，乙方终止用工关系需提前10天通知甲方、丙方。如丙方无故离职，或因表现不佳被辞退，甲方将按校规处理。

四、乙方在＿＿＿＿＿日以前，将丙方的报酬付给甲方，统一由甲方发放，乙方不直接与丙方发生经济关系。

五、丙方就业实习依法享受劳动保护，乙方不得安排丙方从事易对人体造成伤害或危险的特殊行业或专业的劳动及违法活动；乙方应为丙方的人身安全提供保障，不得损害或变相损害丙方在劳动保护方面的合法权益；否则，造成的后果由乙方负责。甲方应为丙方提供相应的医疗保障，乙方对丙方的医疗事故不承担责任。在工作期间，乙方对丙方的故意行为造成的自身人身伤害事故不负责任。有关劳动保护的其他内容参照《中华人民共和国劳动法》的有关规定执行。

六、甲方是具体负责指导大学生就业实习的组织管理机构。在工作中，甲方教育丙方遵纪守法，执行用人单位及学校的规章制度，履行就业实习协议中的各项义务，如乙方与丙方发生纠纷，甲方主持调解双方的争议。在调解前，乙方或丙方不可申请仲裁和诉讼。

七、乙方有权与丙方签订有关知识产权、保密义务等的协议。甲方督促丙方执行上述协议。

八、本协议发生的争议适用中华人民共和国法律，由甲方所在地法院管辖。

九、本协议一式三份，甲乙丙三方各执一份。

（主体和结尾：分成九大项对三方就大学生就业实习问题所涉及的具体内容进行了说明；对大学生就业实习期间的工作内容、工作时间、就业实习报酬和福利待遇、劳动纪律、管理办法、人身保险等内容的交代只涉及"宏观"层面和总体原则，为之后正式签订劳动合同提供依据和参考；另外，本部分内容还交代了解决争议的办法、合同的存执情况。）

　　甲方（盖章）：　　　　　　　　　　　　乙方（盖章）：

　　负责人（签字）：　　　　　　　　　　　负责人（签字）：

　　_____年_____月_____日　　　　_____年_____月_____日

　　签订地点：　　　　　　　　　　　　　　签订地点：

　　丙方（签字）：

　　班级：

　　_____年_____月_____日

　　签订地点：

　　（约尾：签名、签章、日期、地点。）

【案例评析】

　　这是一则大学生就业协议书，为常见意向式协议书格式。它是一份由当事人各方经平等协商就大学生就业实习合作事项达成初步原则性、方向性的意见后签订的备忘文件。

　　它以条文的形式表述合作各方所达成的具体意向，协议内容具体、明确，措辞简明扼要。

课后练习

　　指出下面这份合同的不规范之处，并说说应如何修改。

合　　同

立合同人：××学院后勤公司（甲方）

　　　　　××建筑公司（乙方）

为建筑××学院游泳馆，经双方同意，订立本合同。

① 甲方委托乙方建造一座游泳馆，由乙方全面负责建造。

② 全部建造费（包括材料、人工）300万元。

③ 甲方在订立合同后先交一部分建造费，在游泳馆建成后抓紧归还所欠部分。

④ 工期待乙方筹备工作完成后立即开始，力争今年底开工，争取明年8月左右交付使用。

⑤ 建筑材料由乙方全面负责筹备。

⑥ 本合同一式两份，双方各执一份。

立合同人：××学院后勤公司（公章）

总经理（签名）：

××建筑公司（公章）：

××××年××月××日

第四章
其他应用文写作

本章重点介绍专利申请相关知识，内容包括基本概念、特点、分类、专利法保护的对象、专利授予条件、专利申请准备工作、专利申请文件等基础知识；宣传及宣传通稿的基本概念、特点、写作程序、结构及写作方法。

第一节 | 专利申请

一、专利与专利权

专利是指受《中华人民共和国专利法》（以下简称《专利法》）保护的发明。

专利权是由国家专利主管机关依法授予专利申请人或其权利继承人在一定期间内实施其发明创造的专有权。专利权不是在完成发明创造时自动产生的，需要申请人按照法律规定向国家审批机关提出申请。审批机关在进行审查后，对符合《专利法》规定的申请授予专利权。专利权是一种无形财产权，具有排他性质，受国家法律的保护。任何人想要实施他人专利，除法律另有规定的以外，必须事先取得其专利权人的许可并支付一定的费用，否则就是侵权，要负法律责任。

二、专利的特点

（一）专有性

专有性也叫独占性，即这些权利由权利人独占，他人未经专利权人同意不得使用。

（二）地域性

一国批准的专利或注册的商标等权利，只在该国有效。

（三）时间性

无论是专利还是商标，都有一定的保护期限，过期即不再给予保护。商标虽可以无数次续延，但如不按期办理续延手续也会失效。

三、专利的分类

（一）职务发明

工作人员与所在单位签订的工作合同中包括发明任务的内容，他在执行工作合同过程中的发明，或者在从事分配给他的工作任务中创造的发明称为职务发明。

（二）从属发明

工作人员所做出的发明并不是该单位分配给他的任务，工作合同中也没有明文规定，他利用该单位的设备、数据资料等物质条件做出的发明属于从属发明。

（三）自由发明

工作人员所做出的发明，既不属于本单位的业务范围，又没有利用本单位的各种物质条件，称为自由发明（非职务发明）。

我国《专利法》规定的发明有两种：职务发明和非职务发明。对职务发明，申请并取得的专利权属于单位；对非职务发明（包括从属发明和自由发明），申请的专利权属于发明人或设计人。

申请被批准后，属于全民所有制单位申请的，专利权归该单位所有；属于集体所有制单位或个人申请的，专利权归该单位或个人所有。

四、专利法保护的对象

《专利法》保护的对象一般包括 3 种：发明专利、实用新型专利和外观设计专利。其中，发明专利是所有实行专利制度的国家都给予保护的对象。外观设计是大多数实行专利制度的国家给予保护的对象。实用新型专利是指水平较低的发明，只有少数国家单独立法给予保护。

（一）发明

发明指根据自然规律对某一特定问题提出的技术解决方案。它所制造的产品或提出的生产方法是前所未有的，或是对原有的产品、生产方法的改进。国家只对符合《专利法》规定的各种条件的发明才授予专利。这些条件中最主要的是新颖性、创造性和实用性。取得专利的发明可以分为产品发明（如机器、仪器设备、用具）和方法发明（如制造方法）两大类。

（二）实用新型

实用新型，是指对产品的形状、构造或其结合提出的适于实用的新方案。它只保护具有一定形状的产品发明或某种产品的构成部分，但不包括方法发明。实用新型的创造性要求低于发明。例如，日用品、机械、电器等方面的有形产品的小发明，比较适于申请实用新型专利。产品的构造是指产品的各个组成部分的安排、组织和相互关系。产品的构造可以是机械构造，也可以是线路构造。

实用新型专利与发明专利相比，没有什么实质上的区别，只是前者的技术范围和技术水平都次于后者，一般称为"小发明"或"小专利"，多是机械领域内的发明。

（三）外观设计

外观设计的全称是"工业品外观设计"，是指对产品的形状、图案、色彩或其组合做出的富于美感并适于工业应用的新设计。这种设计可以是平面图案，也可以是立体造型，常见的是这二者的结合。授予外观设计专利的主要条件是新颖性，其审批程序、专利权期限和实用新型专利相同。

外观设计专利应当符合以下要求。

① 必须是形状、图案、色彩或其结合的设计。

② 必须是对产品的外表所做的设计。

③ 必须富有美感。

④ 必须适于工业上的应用。

例如，齐白石的画是一幅美术作品，但将其印在热水瓶、手绢、信封上，就成了运用于具体产品上的设计而且可以批量生产。至于产品的造型、图案、色彩，三者很难截然分开。是否富有美感，不能仅从发明人或审查员的审美观出发，而应以是否能引起广大消费者的兴趣为准。

我国给予外观设计专利保护是为了激发广大外观设计人员的创作热情，使其能设计出新式样，从而使市场中的商品更加丰富多彩，以满足人们的不同需求，同时提高我国出口产品的竞争力。

五、专利权授予条件

一项产品发明或方法发明要想获得专利保护，必须符合《专利法》规定的各种条件，这些条件包括形式条件和实质性条件。形式条件是指必须递交专利申请文件并办理各种手续，这是取得专利的基本条件。申请文件一般包括请求书、说明书及文摘（摘要）、权利要求范围、附图等。实质性条件是指申请专利的发明必须同时具备新颖性、创造性和实用性。

（一）新颖性

新颖性是取得专利权的重要先决条件。它要求申请的专利是现有技术中所没有的，即发明必须是新的，而所谓的现有技术是指人们在某一技术领域或某一技术问题方面的知识总和。现有技术是不断变化的，它和一定的时间相联系，因此采用先申请制的国家规定：申请日以前已经公开的技术不具备新颖性。这种公开应该是完整的、详细的和清楚的，并且必须达到本专业技术人员能够实施的程度，否则不能算作"已经公开"。

"公开使用"也称"公用"，是指发明产品已经公开制造、使用或销售。判断公用的标准是，除了发明人或有义务为他保密的人之外，任何人使用过就算公用。

"以其他方式为公众所知"，也称"公知"，是指通过电影、广播、电视或以报告会、讨论会发言等方式为公众所知。

（二）创造性

创造性也称先进性，具备新颖性的发明不一定具有创造性。创造性的判断涉及许多因素。开辟一个全新领域的发明，当之无愧的可以称为开创性的发明，如电灯、塑料、激光器等。但大部分发明是在已有技术基础上加以改进和发展，创造出能产生新的技术、经济或社会效益的发明，即认为具有创造性。有的把两个或两个以上已有的发明创造结合在一起而产生新的性能，如有人把放大镜和照明装置结合起来制成带有灯泡的放大镜，即产生了新的性能。这项发明为老年人提供了方便，具有创造性。有的是把已知的发明产品，用于新的环境条件而产生新的作用，如将医用胃窥镜用于观察树木内部结构以了解树的生长及病虫害情况。显然，创造性并不都意味着技术上的重大创造或突破，它仅仅要求发明具有出人意料的特点和效能。

此外，如一件发明与已有技术相比并不具备创造性，但在特殊情况下，将已有技术进行简单的组合后产生了意想不到的技术效果时，或者由于各要素之间的功能产生了内在联系，因而产生了一种与各要素本身所具有的功能完全不同的新的技术功能时，应当说这种发明具备创造性。用降落伞阻挡矿井中的气流就是一例。降落伞及其通常的使用方法对人们来说并不陌生，但将其应用于矿井却独具匠心，一般人很难想到降落伞和矿井二者之间有任何联系，因此该发明具有创造性。

衡量一项发明是否具有创造性，可以从发明目的（也称发明的任务）、技术解决方案（也称发明的构成）和效果 3 个方面考虑。3 种因素交织在一起，但根据具体情况不同有所侧重。例如发明一种新型交通标志线用涂料，在涂料中添加反光材料。在夜间行车时，可利用车辆本身发出的灯光与添加了反光材料的分隔线交通标志反射出来的光提高夜间行车的安全性，同时可节省路面照明费用。在公路中心线上每隔大约 1 米就嵌入这种反光材料，夜间经汽车灯光照射后，嵌入处可反射出一道亮线，让左右行车自然分开。这项发明较为简单，但却很实用。由此可以看出，发明不在大小，而在于是否具备新颖性、创造性、可行性。

（三）实用性

实用性是指该发明能够进行制造或使用，并能产生积极效果。有些发明在当时得不到使用，但只要技术上能够实现，仍应认为其具有实用性。例如，爱迪生发明的"自动计票机"，在美国国会进行公开试验获得成功，虽因国会反对未被采用，但该发明不失实用性，仍然被批准为专利。

除上述发明必须具备可实施性的实用性外，还应具备再现性的实用性。例如，一个新的桥梁设计方案，虽合理而有益，但在不同地区、不同自然条件下建造桥梁必须重新计算和设计，不能照搬此方案，因此该方案不具备再现性。

此外，实用性还反映在是否具备有益性上，否则，发明即使有可实施性、再现性，也不能认为其具有实用性。如严重污染环境、浪费能源或资源、脱离社会实际需要的发明就不具备有益性。

案例链接

改变干旱地区的气候的方法

内容摘要

为改变干旱地区的气候，在干旱地区上空制造低气压，使周围的潮湿空气流向该地区，然后降低温度，形成降雨，达到改变干旱地区的气候的目的。

比较和判断

该发明仅仅提出了一种改变干旱地区气候的设想，缺乏实施的具体技术手段，没有说明怎样制造低气压，怎样降温，所以根本无法实施，为此以不具备实用性驳回其申请。

又如违背自然法则的"登水永动机"，其水轮机根本不会转动，无法实现，也不能在产业上制造或使用，所以其申请也因不具备实用性而被驳回。

六、专利申请准备工作

在实行专利制度的国家，发明人完成一项发明创造，面临的问题就是是否向专利局提出申请和申请哪一种专利保护。一项能够取得专利保护的发明创造，需要具备多方面的条件，专利申请人在申请前应做好准备工作。所谓准备工作包括思想上的决策过程和物质上的准备过程。

（一）申请前的准备工作

① 首先自我评价一下发明是否具备专利性，以决定是否申请专利，申请哪一种专利（发明、实用新型、外观设计），是否要申请外国专利。为了对发明的专利性有一个恰当的估计，应对照本国的相关法规及实施细则中的有关条文进行评价。

② 对要申请的项目，申请人应进行充分的技术调查，在广泛了解现有技术状况的前提下，再决定是否提出专利申请，以减少申请专利的盲目性。

③ 凡已组织过或举办过新技术、新产品等的鉴定会或技术会议的，申请人应在 6 个月之内递交专利申请以免其丧失新颖性。

④ 申请人应对自己的发明创造进行市场预测，估计其技术开发的可能性、范围及技术市场和商品市场的条件，并估计自己所能获得的经济收益等，以便在获得专利权后启动专利实施和技术转让。

⑤ 因为发明人或申请人往往不懂如何申请专利或如何撰写说明书、确定权利要求范围等，

从而可能耽误申请时间。现在全世界范围内实行专利制度的国家，几乎都设有专利代理机构，也有一大批专利代理人从事代理工作。

⑥ 在当今的"专利战"中，时间就是金钱，竞争异常激烈。同一发明谁先申请，专利权就可能授予谁。为此，提交申请的早晚往往关系到申请专利的成败。

⑦ 申请前做好保密工作，任何方式的泄密均会使发明丧失新颖性。

⑧ 各国专利法对于专利申请文件的要求基本相似，随着国际化的发展，各国已经形成一些公认的做法。根据绝大多数国家的规定，除了对外观设计的专利申请文件另有要求外，发明及实用新型专利的申请文件都包括请求书、说明书及其摘要、权利要求书等。

（二）申请日的确定

申请日是专利局受理专利申请的标志，对专利申请有重要的意义。首先，在实行"先申请制"的国家，同一发明有两个以上申请人分别提出申请时，申请日是判断专利权归属的依据。其次，申请日是很多国家计算专利保护期的起始日。再次，实行"早期公开延迟审查制"的国家规定，自申请日起的一定期限内，可随时提出审查请求，过期不提则视为自动放弃。最后，申请日是要求优先权的重要依据。有关确定申请日的条件，各国规定不一。有些国家以收到全部申请文件和申请费作为确定申请日的必要条件。有的国家规定只要收到申请文件便可确定申请日，申请费可在一定期限内补交。我国采取后一种做法，即专利局收到发明或实用新型专利申请的请求书、说明书、权利要求书、必要的附图，外观设计专利申请的请求书和外观设计的图片或照片，只要符合《专利法》的规定，就确定申请日并给予申请号，并以书面形式通知申请人。申请费可以在递交申请文件的同时缴纳，也可以在提交申请文件后的一个月内补缴，过期不补缴，该申请被视为撤回。

七、专利申请文件

（一）请求书

请求书是申请人向专利审批机构表示请求授予专利权愿望的一个表格形式的文件，由其启动专利申请和审批程序。国家知识产权局给出了专利请求书的规定内容和格式。请求书应当写明发明或实用新型的名称、发明人的姓名、申请人姓名或名称、地址及其他事项。

（二）说明书

说明书是申请一项发明或实用新型专利的技术性基础文件，是权利要求书的依据，必要时可以用来解释权利要求书。它作为一项技术性法律文件，应当对发明或实用新型做出清楚、完整的说明，向全社会公开发明或实用新型的技术内容。

说明书应能使所属技术领域人员根据其所描述的技术内容，不需创造性劳动就实现发明或实用新型的技术方案，解决其技术问题，并产生预期的技术效果。

说明书应当写明发明或实用新型的名称，该名称应与请求书中的名称一致。

说明书撰写包括 5 个部分，应按照下列顺序撰写。

1. 所属技术领域

撰写要求：简要说明发明或实用新型所属技术领域或应用领域，目的是便于分类、检索及其他专利活动的进行；可按国际分类表确定发明或实用新型直接所属技术领域，尽可能确定其最低的分类位置。

例如，本实用新型涉及××××××，尤其是××××××（或其特征是××××××）。

2. 背景技术

这一部分应对申请日前的现有技术进行描述和评价，指出当前技术的不足或有待改进之处，或者自己的发明创造能解决的问题。应提供一至几篇在作用、目的及结构方面与本发明密切相关的对比资料，简述其主要结构或原理、工艺等内容，必要时可借助附图说明，同时要客观地指出其不足之处及原因。为了方便专利审查，引用的内容应注明出处；如无法提供具体的出处，也应对现有技术的水平、缺点和不足做介绍。

3. 发明内容

发明内容包括 3 个部分的内容：要解决的技术问题、技术方案和有益效果。

（1）要解决的技术问题

撰写要求：针对现有技术存在的问题，指出本发明或实用新型所要解决的问题和可实现的任务目标。

例如，为了克服××××××的不足，本实用新型……

本发明要解决的技术问题是提供一种……

本实用新型要解决的问题是……

（2）技术方案

撰写要求：应清楚、完整地说明发明或实用新型的形状、构造特征；机械产品应描述必要零部件及其整体结构关系；涉及电路的产品，应描述电路的连接关系；机电结合的产品还应写明电路与机械部分的结合关系；涉及分布参数的申请，应写明元器件的相互位置关系；涉及集成电路的产品，应公开集成电路的型号、功能等。

首先用一个自然段说明发明或实用新型的主要构思，以发明或实用新型必要技术特征的总和形式来阐明发明或实用新型的实质内容。对于只有一个独立权利要求的专利申请，这一段应针对独立权利要求的技术方案进行描述，通常可采用独立权利要求的概括性词句来阐明技术方案。对于有两个或两个以上同类发明或实用新型的独立权利要求的专利申请，这一段最好先对这些技术解决方案的共同构思进行描述，然后再用几个自然段分别描述相应的技术方案。

例如，本实用新型针对上述现有技术的不足之处设计了××××××；

本实用新型解决其技术问题所采用的技术方案是×××××××；

作为优选，××××××。

（3）有益效果

撰写要求：说明本发明或实用新型的优越性及积极效果，如结构简化、加工方便、生产效率提高、方便养护维修、绿色环保等。

例如，本发明的有益效果是××××××，解决了现有技术存在的问题。

4．附图说明

撰写要求：附图说明部分应给出每一幅附图的图名，必要时可列出附图中的附图标记及它们所表示的部件名称。

5．具体实施方式

撰写要求：至少描述发明或实用新型优选的一个具体实施例，对照附图对发明或实用新型的形状、构造进行说明，实施方式应与技术方案一致，并且应当对权利要求的技术特征进行详细说明，以支持权利要求；附图中的标号应写在相应的零部件名称之后，使所属技术领域的技术人员能够理解和实现技术方案，必要时应说明其动作过程或操作步骤；如果有多个实施例，每个实施例都必须与本实用新型所要解决的技术问题及其有益效果一致。

在申请内容十分简单的情况下（即权利要求的技术特征的总和所保护的申请内容是具体的、单一的），如果在说明书的技术方案部分已对实施方式进行了具体描述，则在这部分不必重复描述。

例如，下面结合附图对本实用新型进行进一步说明。

实施例：在图 1 中，××××××。

除上述实施例外，本实用新型还有其他实施方式。凡采用等同替换或等效变换形成的技术方案，均落在本实用新型专利要求的保护范围内。

最后一段还可以这样撰写："以上内容旨在说明本发明的技术手段，并非限制本发明的技术范围。本领域技术人员结合现有公知常识，对本发明所做的显而易见的改进，亦落入本发明权利要求的保护范围之内。"

（三）说明书附图

附图是说明书的一个组成部分，用图形对文字说明部分进行补充描述，能更直观、形象地表达发明和实用新型的技术特征。绘制附图应注意下列问题。

① 发明或实用新型的说明书中必须有附图，机械、电学、物理领域中涉及产品结构的说明书也必须有附图。

② 发明或实用新型有几幅附图时，用阿拉伯数字按顺序编图号，几幅附图可绘在一张图纸上，按顺序排列，彼此应明显地分开。

③ 附图通常应竖直绘制，当零件横向尺寸明显大于竖向尺寸而必须水平布局时，应当将图

的顶部置于图纸左边。同一页上各幅图的布局应采用同一方式。

④ 同一部件的附图标记在前后几幅图中应一致，即使用相同的附图标记，同一附图标记不得表示不同的部件。

⑤ 说明书中未提及的附图标记不得在附图中出现，说明书中出现的附图标记至少应在一幅附图中加以标记。

⑥ 附图的大小及清晰度应当保证在该图缩小到 2/3 时仍能清楚地分辨出图中的各个细节。

⑦ 附图中除必需内容外（如电路或程序的方框图、流程图），不应包含其他注释。

⑧ 说明书的附图应集中放在说明书文字部分之后。

⑨ 说明书的附图应当使用包括计算机在内的制图工具和黑色墨水绘制，线条应均匀、清晰，颜色应足够深，不得着色和涂改，不得使用工程蓝图。一般不得使用照片作为附图，但在特殊情况下，如显示金相结构、组织细胞图或电泳图谱时，可以将照片贴在图纸上作为附图。

（四）说明书摘要

说明书摘要应与说明书保持高度一致，应是说明书的精准提炼。说明书摘要具体应写明发明或实用新型的名称、技术方案的要点及主要用途，尤其应写明发明或实用新型主要的形状和构造特征。说明书摘要全文不超过 300 字，全文不分段，不得使用商业性的宣传用语。

摘要通用的撰写格式：本实用新型公开了一种×××。

（五）摘要附图

摘要附图应是最能反映发明或实用新型的形状、结构、原理等内容的图，一般从说明书附图中选择一张即可。

（六）权利要求书

权利要求书指用技术特征的总和来表达发明或实用新型的技术方案，其本质是确定专利权保护范围的法律性文件。

1. 权利要求的类型

权利要求按照保护范围和撰写形式划分为两种：独立权利要求和从属权利要求。

（1）独立权利要求

独立权利要求从整体上反映发明或实用新型的技术方案，记载解决其技术问题的必要技术特征，即发明或实用新型为解决其技术问题所不可缺少的技术特征，其总和足以构成发明或实用新型的保护客体，并能使之区别于其他技术方案。

（2）从属权利要求

如果一项权利要求包含了另一项权利要求中的所有技术特征，并且对另一项权利要求的技术方案做了进一步限定，则该权利要求为另一项权利要求的从属权利要求。从属权利要求用附加技术特征对被引用的权利要求进行进一步限定。

附加技术特征指发明和实用新型为解决其技术问题所不可缺少的技术特征之外附加的技术特征。它与所解决的技术问题有关，可以是对引用权利要求中的技术特征做进一步限定的技术特征，也可以是增加的技术特征。

一份专利申请的权利要求书中，至少应包括一项独立权利要求，还可以包括从属权利要求。

2. 权利要求书的写作要求

① 权利要求应以说明书为依据，每一项权利要求在说明书中都应有清楚、充分的记载。每一项权利要求所要求保护的技术方案应是本领域普通技术人员不用创造就能从说明书中记载的内容中直接导出或概括得出的。

② 权利要求的数目应当合理，应写出其他欲侵权者无法绕过的关键技术保护要点，其他非必要的、非关键性的技术特征写入从属权利要求。根据侵权判定中的"全面覆盖原则"，如该专利权利要求中写了 3 项，对方只侵犯了其中 2 项，则不算侵权。所以权利要求要写得越精越好，而不是越多越好。

③ 权利要求中包括几项权利要求的，应当用阿拉伯数字按顺序编号。

④ 若有几项独立权利要求，各自的从属权利要求应尽量紧靠其所引用的权利要求。

⑤ 每一项权利要求只允许在其结尾使用句号，以强调其含义是不可分割的整体。

⑥ 权利要求中使用的科技术语应当与说明书中使用的一致。

⑦ 权利要求中可以有化学式、化学反应式或数学式，但不得有插图。

⑧ 应使用确定的技术用语不得使用概念模糊的语句，如"等""大约""左右"等，应使用"如说明书……所述"或"如图……所示"等语句。

⑨ 权利要求中通常不允许使用表格,除非使用表格能够更清楚地说明发明或实用新型要求保护的客体。

⑩ 权利要求中的技术特征可以引用说明书附图中相应的附图标记,但必须带括号且附图标记不得解释为对权利要求保护范围的限制。

⑪ 除附图标记或其他必要情形必须使用括号外，权利要求中应当尽量避免使用括号。

⑫ 一般情形下，权利要求不得引用人名、地名、商品名或商标名称。

⑬ 尽量撰写一个保护范围较广的独立权利要求，应尽量采用概括性的描述来表达技术特征。撰写格式："1．一种××××××，其特征是××××××。"

例如，"1．一种可收纳伞袋的伞柄，包括伞柄支持部分（1），其特征是伞柄支持部分（1）……"

⑭ 为了提高获得专利授权的可能性和更有利于授权后的专利维护,应针对具体实施方式撰写从属权利要求，层层递进。从属权利要求可以引用在前的独立权利要求，也可以引用在前的从属权利要求，但不得引用其后的权利要求。撰写格式为："2．根据权利要求 1 所述的××××××，其特征是××××××。"

例如，"2. 根据权利要求 1 所述的可收放伞袋的伞柄，其特征是：所述固定内壳（2）底部缺口呈扇形……"

第二节 | 宣传通稿

一、宣传与宣传通稿

（一）宣传的概念

宣传是传播者为了实现某个目的，通过传播媒介公开地传播信息符号，对广大人群进行态度影响和意见控制的过程。

在长期的实践中，各领域阶层对宣传的态度差异极大。赞同者认为宣传是提升整个组织机构管理工作水平的重要手段，但是反对者的观点同样鲜明而且尖锐。

不同的著作也对宣传下了不同的定义，列举如下。

①《韦氏新国际词典》对宣传（Propaganda）一词的定义：宣传是"为帮助或损害某种制度、事业或个人而传播各种思想、消息或谣言"。

《韦氏大学词典》的界定也差不多："为了帮助或损害某个机构、事业或个人而散布观念、信息或谣言的行动，或者为此目的散布的观念、事实或说法。"

②《中国大百科全书》的解释相对中性。该书认为，宣传是"运用各种符号传播一定的观念以影响人们的思想和行为。"

③《现代汉语词典》对宣传的解释是"对群众说明讲解，使群众相信并跟着行动"。

由上可知，虽然对于宣传，不同的人有不同的看法，但是这么多观点仍然有其共同之处，即相对于容易混淆的新闻来说，新闻传播的主要目的在于"告知"，而宣传的主要目的在于说服。从这种意义上说，新闻属于宣传，但宣传不仅仅是新闻。

（二）宣传通稿的概念

宣传通稿是组织宣传的单位根据自己的需要向大众传播媒介发放的一种宣传稿件。

宣传通稿是由公关人员撰写的、以目标公众为宣传对象的文字作品，包括提供给媒介的消息、通信、专访稿、特写等。撰写宣传通稿是公关人员利用新闻媒介对公众施加影响的重要手段，也是组织与新闻界保持密切关系的纽带。如宣传通稿准备得完善、真实、新鲜、重要且有新闻价值，达到了媒体的用稿标准，则可能会让审稿编辑不加修改地直接用于报道，如此，宣传主体的意图就可以得到最大化的体现。

二、宣传的特点

（一）宣传的意图是正向影响受众态度、观点和行为倾向

宣传和新闻传播不同，新闻讲究以事实说话，宣传则强调主观目的。宣传特别强调对宣传

对象（受众）态度的影响，用"劝服"或"说服"来形容比较贴切。宣传是一个传播的过程，包含了"说"和"服"两个重要的环节。"说"意味着宣传单位要进行具体的对外信息发布，"服"是追求的效果。宣传工作的"说"不仅包括日常的信息发布，还包括有意识地策划一些媒介事件（宣传活动），借此实现主观追求的目的。宣传是一件主动性和主观性极强的工作。

（二）宣传是公之于众

在汉语中，"宣"的意思是公开以让人知晓。宣传属于传播行为中大众传播的部分，因此那种不加区分地将所有传播行为都冠以宣传之名的做法不应该得到肯定。在古代社会，没有今天那么多的大众传播媒介，会场就成了主要的宣传阵地。古希腊和古罗马的著名政治人物都很擅长使用这个宣传阵地施展他们"说服"的本领。到了现代，与之类似的还有各种竞选，候选人都以宣传为手段，试图获得更高的支持率。

（三）宣传以传播媒介为信息传播手段

宣传是一种需要借助传播媒介来实施的工作。无论是通常意义上的大众传播媒介，还是传统的公告栏、宣传单等都是宣传的工具。现代社会节奏非常快，城市化发展使得人与人之间的交流更多地依赖媒介来进行，例如，加拿大的税务机构就在酒店大堂、景点售票处等地点摆放大量的服务性宣传资料供人们取阅。

（四）宣传是有特定服务对象的传播

宣传是一项服务性的工作，它的使命就是为主体工作服务，这和新闻工作是不一样的。宣传工作发布消息是为了配合某个主体工作，而新闻机构发布消息就是主体工作。工商部门的主体工作是行政执法，公安部门的主体工作是维护治安，税务部门的主体工作是查收税款，邮政部门的主体工作是传递邮件，宣传是这些部门的主体工作的辅助。各部门通过宣传营造良好的舆论环境，从而推动主体工作的顺利开展。

（五）宣传需要恪守宣传者的意志

宣传者必须有自己明确的目的，根据自己的需要随时改变宣传的计划和策略。宣传者必须能够随时把握信息的变化、舆论的走向。因此，在宣传工作中，时机的把握和分寸的掌控非常重要，必须让宣传工作处于一种良好的组织管理状态中。

延伸阅读

拉斯韦尔的 5W 模式

5W 模式是宣传科学研究历史上非常重要的成果。它最先明确地将传播过程划分为 5 个环节，因此也划定了宣传科学的 5 个研究领域。它为宣传走上科学化的道路奠定了基础，在宣传科学研究的历史上是个了不起的成就，但是 5W 模式还有一点缺陷。拉斯韦尔将宣传看作完全由传播者决定的过程，他忽略了其中一个重要的环节，那就是反馈。通过反馈机制来调整系统的运行，这是现代控制论的重要贡献。在实际的宣传工作中，宣传工作者也经常需要利用反馈信息调整策略。图 4-1 所示为 5W 模式图。

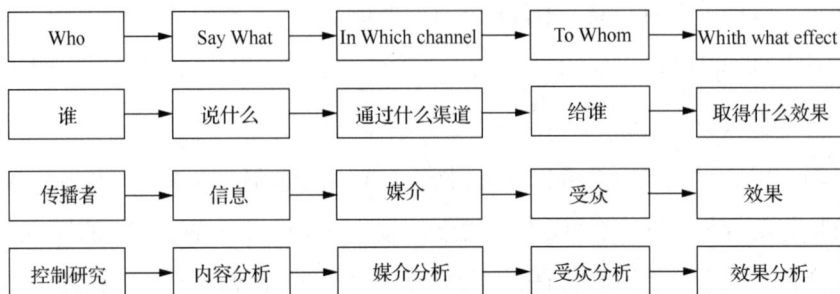

Who	Say What	In Which channel	To Whom	Whith what effect
谁	说什么	通过什么渠道	给谁	取得什么效果
传播者	信息	媒介	受众	效果
控制研究	内容分析	媒介分析	受众分析	效果分析

图 4-1　5W 模式图

三、宣传通稿的特点

宣传通稿在形式上和新闻通稿有很多相似之处，比如都有标题、导语和正文，但是由于两者的本质追求不一样，这两种通稿还存在着根本上的不同。

（一）宣传通稿是通用的宣传稿件

作为通用的宣传稿件，宣传主体为不同大众传播机构提供的信息内容是相同的。与之形成对比的是，不同的传播机构对于专属于自身的新闻稿件有统一的要求，如经济类媒体关注经济数据，官方媒体关注政治倾向，娱乐类媒体则以受众喜好为出发点。宣传通稿就是要统一对外宣传的口径，防止引起公众的误解。

（二）宣传通稿的目的在于宣传主体的目的和意图的实现

宣传稿件追求的是宣传主体的目的和意图的实现，而不是新闻价值的实现。宣传通稿是为了实现主体的利益而设计的文稿，因此在文章的结构逻辑上更多地体现的是主体的观点、态度。但是，宣传通稿又要吸引媒体的报道，所以在具体的表现上会经常模仿新闻稿件的特点，从而看上去和新闻稿很相似。另外，有些宣传信息本身是具备一定的新闻价值的，因此完全可以采用新闻稿的表现方式。

案例链接

销量同比猛增 160%××新能源汽车公布年中成绩单

2018 上半年是新能源汽车市场的爆发期，也是业内领先企业××新能源汽车大展宏图的重要时期。半年以来，××新能源汽车发展势头强劲，销量一路攀升，受到市场高度关注。

业绩亮眼　销量实现六连增

2018 年，××新能源汽车全面实施升级战略，打造自主研发平台，加强技术"内功修炼"，不断升级产品品质，深受消费者青睐。2018年1—6月，××新能源汽车创造了整体销量六连增。根据中国汽车流通协会汽车市场研究分会数据统计，2018年上半年，××新能源汽车销量达到2.4万辆，同比增长160%，远高于新能源乘用车市场增速，发展势头强劲。

双翼齐飞 产品优势领先

产品是销量成绩的支撑。××新能源汽车确定了2018产品大年的战略，半年来不断丰富产品矩阵，××、××系列等高品质产品相继推出，并且持续迭代升级，每款产品都以领先同级的出色表现经受住了市场的考验。

2018年3月，××新能源汽车推出了首款纯电SUV××，××以比同级更远续航、更大尺寸、更大空间、更强动力的优势强势进入市场，半年来销售量多达4214辆，名列A0级SUV细分市场第二，成绩斐然。

××新能源汽车××系列经过23项优化大升级，也在同级车型中取得了不错的市场口碑。2018年上半年，××新能源汽车以××为主的××系列销量达到1.87万辆，在两门车市场中销量理想，表现突出，倍受消费者肯定。

双擎战略渠道成效明显

为了进一步提升产销能力，××新能源汽车采用双擎战略，发力以分时租赁行业为代表的2B市场，以领先同级的高品质产品、全新服务模式等战略迅速发展，连续6个月稳步前进，上半年零售渠道的销量达到1.23万辆，同比增长391%；大客户渠道销量达到1.17万辆，同比增长57%。

品牌创新 传递绿色环保理念

××新能源汽车肩负传递绿色环保理念的责任，启动"探索纯净之旅"大型汽车品鉴体验活动，并展开××汽车生态林项目，承诺每交付一辆车，就以车主名义种下一棵树。一路上，××新能源汽车车队历经"大理、广州、上海、塞罕坝"四大站的跋涉，向广大消费者传递了绿色出行、追寻自由纯净的新主张，扩大了品牌影响力。同时，××新能源汽车组建了车友会，并启动车友会征名活动，拉近了与消费者的距离。

产能释放 工艺品质全面提升

2018上半年，××新能源汽车研发生产技术不断提升，根据市场需求不断释放产能，全面铺设生产线，现如今已经成功建设二期工厂项目，正式投产后将拥有年产6万辆新能源整车的生产能力。全新工厂更具现代化智能科技生产能力，工厂基础建设、设备等运用了更多的创新技术，车辆品质、质量得到全面提升和保障。

保障量产充足的同时，××新能源汽车不断加强集研发、生产于一体的产业链的建设，通过与世界水准供应商在专业领域上进行合作，并推进自主研发的战略进程，形成全系列新能源乘用车研发体系和集成平台与四大新能源整车平台、五大通用子系统、七大核心技术的布局，为广大消费者提供全新的环保科技产品保障，创造更美好的绿色出行新生活。

半年大考，××新能源汽车交出了一张漂亮的成绩单，证明了其作为新能源汽车市场领先企业的创新实力。2018下半年已经开场，新能源汽车市场进入更激烈的竞争阶段，××新能源汽车将延续上半年的增长势头，以高品质、强续航的产品矩阵和强大技术保障迎接挑战与机遇。全新升级的××正在预售，第三季度，××将批量交付，××即将上市。后续，××新能源汽车又将呈上怎样的惊喜？让我们一起拭目以待！

【案例评析】

此案例为××汽车公司公关人员发给各媒体的企业宣传通稿，虽然其结构与新闻稿相同，但是内容书写却更具倾向性，文字也更具感情色彩，旨在引起大众注意，营造企业及其产品在公众心目中的形象，是一篇中规中矩的企业产品和形象的宣传稿。

通过上面的例子我们可以看出，宣传通稿的写作思路完全是"主题先行"的，而新闻通稿则正好相反，完全从客观的事实出发，不能搞"主题先行"。两者之所以容易混淆，完全是因为它们"形似"，而且，它们需要共同的载体——新闻媒介来实现传播价值。总的来说，一篇完全不顾本单位利益的"客观报道"不是好的宣传通稿，一篇不能吸引新闻媒介报道的宣传通稿也不是好的宣传通稿。好的宣传通稿就在于能够巧妙地将新闻价值和本单位的利益结合起来。因此，宣传通稿的写作难度远远高于新闻稿。优秀的宣传通稿的写作者一定是优秀的新闻稿的写作者，而优秀的新闻稿件的写作者却不一定是优秀的宣传通稿的写作者。

四、宣传通稿的写作程序

（一）理解宣传的目的和意图

接到一份宣传通稿的写作任务后，首先需要了解宣传的目的和意图。此时，需要向部门领导请示，是否需要与上级领导进行一次沟通了解。无论最终与谁沟通，写作者都必须明确宣传的目的和意图。宣传通稿为主题先行类型的文稿，主题有误，后续的文稿不可能合格。在沟通的过程中，应尽量抓住细节，做好详细记录，准确把握宣传的尺度与分寸。

（二）寻找具有新闻价值的事实

具有新闻价值的事实，就是可以吸引媒体注意力的事实情况与数据。若事实论述不当，则很有可能让媒体弃用相关内容进而按照自身的新闻收集和展现标准撰写成稿，而这会让整个宣传丧失主动权，并可能偏离宣传的方向。所以，有价值的新闻事实是宣传稿得以实现价值的依托。如上面的宣传通稿，属于无实质性内容的宣传。因为案件还未侦破，虽然取得了进展，但不可以公布。然而，在局长的介绍中，可以抓住一个重要的信息，那就是"公安部门已经采取了一些措施"。因此，此时应就此点进行深挖，查明是哪些措施、什么时候实施等。这是整篇通稿中唯一实实在在的内容，千万不可放过。

（三）撰写宣传通稿

理解了宣传的目的和意图，并且找到了其中具有新闻价值的事实，提炼出新闻点之后，就应该动笔了。经过以上两步，写作者可以明确写作的立意和要点，进而也就明晰了写作的思路。上面的宣传通稿，其写作思路可以如此确定：第一点，可以用"案件侦破已经取得进展"来体现；第二点，可以用采取的具体措施来说明；第三点，需要通过介绍公安机关为防止类似案件再次发生和积极开展侦破活动的具体工作情况来向公众解释。

五、宣传通稿的结构及写作方法

（一）标题

标题是宣传通稿的眼睛，是把握舆论导向的第一道关。读者总是先看标题，如果觉得标题介绍的内容有意思就会继续往下阅读。因此，标题必须能够吸引读者的注意力。另一方面，现代社会中人们的生活节奏越来越快，而报纸却变得越来越厚、电视频道和节目越来越多，人们已经无暇仔细阅读每一篇文章，而需要通过浏览标题的方式扫描每天的新闻报道。这两个变化都要求宣传通稿的标题必须满足一定的要求。一般来说，宣传通稿的标题应注意以下问题。

1. 题文要相符合，不能任意拔高

公共管理机构的文风要忌随意拔高，题文不符。

2. 风格要与本单位形象相符，不要失去个性

在宣传上，文风代表了一个单位的风气和品格。宣传稿件的风格应该与本单位的形象定位相符。

3. 用语要简洁，简略要适度

标题的语言要求简洁明了，直达意义的核心。为了满足这个要求，有时候需要对一些称谓进行简略化的处理，但是一定要记住，不能因为简洁而使意义表达不准确。有时宣传通稿的作者只注意到本地媒体的需要，将本单位的名称习惯性的简称为"我局""市局"等，这对于外地媒体或全国性媒体来说就很不方便。

4. 逻辑要严密，概括要准确

标题有多种结构形式，有简单标题（只有一句话）和复式标题（有主副标题之分）。客观来讲，不同的词语（或短语）组合在一起，不管我们是否刻意追求，本身就体现了一定的逻辑关系。在制作标题的时候人们也往往会利用这一点达到省略字数的目的。例如，"大雪封路，子弟兵千里送粮到草原——80万受灾牧民转危为安"，这是个复式标题，3个短语按照一定的顺序组织在一起，中间没有使用逻辑关联词，但是其间的逻辑关系非常清晰。事物总是有全体和部分之分，制作标题的时候不能以偏概全，否则容易导致失实。

（二）导语

导语就是引导性的语言，它在宣传通稿中起着吸引读者继续阅读的作用。导语是标题和正文的纽带。标题受字数的限制不可能将宣传信息的所有要素全部罗列出来，它只能选取其中最重要的一点。而导语则顺着标题的线索进行扩展，可以多介绍几个要素。就像讲故事，一环套着一环，不断引起读者的阅读兴趣。

为了写好宣传通稿的导语，应遵守以下 3 点基本原则。

1. 用主动句，不用被动句

主动语态能够突出施动者的积极性和能动性，强调行为主体的主动作为。一般来说，为了突出事实，导语要以主动语态和直陈句开头，尽量避免用引语。换句话说，导语最好直截了当地介绍主要事实，不要绕弯子、兜圈子，如"西安警方破获连环盗窃案，一举抓获三名主要嫌疑犯"。以直陈主动句开头的导语往往能使事实表达得更清晰。宣传稿是一种应用文，首先追求的是信息传达的效率，然后才是文采，这是它与一般的文学创作不同的地方。宣传工作者在写导语的时候不要为了显示自己"文笔好"而忘了主要任务。

2. 导语要短而精，不要大而全

导语的"短而精"也是新闻单位对新闻稿件的要求，宣传通稿应该顺应这种要求，提炼出稿件中的精华。适当的提炼可以保证宣传通稿在立意上符合本单位的利益。例如，"8 月 17 日，××市大规模的整顿交通秩序活动拉开序幕，党政机关、公检法司等部门的车辆违法行为被列为治理的重点"。这条导语确实比较短，但是不够精练，重点的、核心的内容没有突出显示。可见，导语不仅要短，更重要的是要精。

3. 多写客观事实，少谈主观意见

强调宣传稿件的"主题先行"，并不是要一味地用主观判断来行文，相反，宣传要求用事实材料为主题服务。因此，在宣传通稿的导语写作中，使用形容词、副词时要特别谨慎和小心。

4. 数字要有力，名称应减省

数字往往被认为是很有力量的材料，但是如果运用得不好，数字的力量是发挥不出来的。另外，数字不能堆砌在一起，应该精选一两个最有说服力和代表性的数字使用，不要把得到的数字一股脑地摆出来。例如，"××省税务局今年共完成收入 1000 亿元，较去年同比增收 100 亿元，增长率达到 11%。其中税收收入 900 亿元，占总量的 90%，同比增长 13%；其他收入 100 亿元，占总量的 10%。分税种统计，增值税总收入 300 亿元，同比增收 30 亿元，增长率为 11%；企业所得税收入 200 亿元，同比增收 20 亿元，增长率为 11%；个人所得税收入 100 亿元，同比增收 10 亿元，增长率为 11%。"这个导语中有很多数字，但是读起来却很乏味。为什么呢？宣传通稿是要给广大的受众阅读的，写作者应该抓住他们最关心的某一个方面用数字进行形象的展现，让读者能够从枯燥的数字中体会出某种影响力，这样才能使数字产生力量。此外，导语中涉及人、物或单位的名称时，尽量避免使用全称。

（三）正文

正文指的是通稿的主体，它是宣传通稿的主要部分。从结构上看，正文承接导语，对导语所揭示的主题进行进一步阐述，并对消息中的事实进行具体的叙述与展开。通稿正文的写作要注意以下 3 点。

1. 集中叙述，突出主干

通稿的正文应该紧紧围绕标题和导语中突出的事实进行介绍，不要"旁逸斜出"。从阅读逻辑上看，标题和导语都在吸引读者阅读，正文就应该满足人们阅读的期盼，把重要的信息告诉读者。

2. 事实具体，内容充实

标题可以是概括的，导语可以是简洁的，而正文的事实必须具体，这样的宣传通稿才有力量。如果正文所述的内容和导语不符，读者是不可能读懂的。如果正文不正面回答导语中提出的问题，通稿的内容肯定不充实。

3. 结构严谨，层次分明

这个要求其实很简单，就是宣传工作者要清楚地把想说的话表达出来。这实际上是一个行文逻辑问题。有时候宣传工作者想要告诉读者很多东西，但不知道从何下手。其实只要按照事情发生的顺序有条不紊地叙述就可以了。

（四）背景材料

背景材料通常和宣传通稿一起发送给新闻单位，用以补充宣传通稿。

附录
党政机关公文处理工作条例

第一章 总 则

第一条 为了适应中国共产党机关和国家行政机关（以下简称党政机关）工作需要，推进党政机关公文处理工作科学化、制度化、规范化，制定本条例。

第二条 本条例适用于各级党政机关公文处理工作。

第三条 党政机关公文是党政机关实施领导、履行职能、处理公务的具有特定效力和规范体式的文书，是传达贯彻党和国家的方针政策，公布法规和规章，指导、布置和商洽工作，请示和答复问题，报告、通报和交流情况等的重要工具。

第四条 公文处理工作是指公文拟制、办理、管理等一系列相互关联、衔接有序的工作。

第五条 公文处理工作应当坚持实事求是、准确规范、精简高效、安全保密的原则。

第六条 各级党政机关应当高度重视公文处理工作，加强组织领导，强化队伍建设，设立文秘部门或者由专人负责公文处理工作。

第七条 各级党政机关办公厅（室）主管本机关的公文处理工作，并对下级机关的公文处理工作进行业务指导和督促检查。

第二章 公文种类

第八条 公文种类主要如下。

（一）决议。适用于会议讨论通过的重大决策事项。

（二）决定。适用于对重要事项作出决策和部署、奖惩有关单位和人员、变更或者撤销下级机关不适当的决定事项。

（三）命令（令）。适用于公布行政法规和规章、宣布施行重大强制性措施、批准授予和晋升衔级、嘉奖有关单位和人员。

（四）公报。适用于公布重要决定或者重大事项。

（五）公告。适用于向国内外宣布重要事项或者法定事项。

（六）通告。适用于在一定范围内公布应当遵守或者周知的事项。

（七）意见。适用于对重要问题提出见解和处理办法。

（八）通知。适用于发布、传达要求下级机关执行和有关单位周知或者执行的事项，批转、转发公文。

（九）通报。适用于表彰先进、批评错误、传达重要精神和告知重要情况。

（十）报告。适用于向上级机关汇报工作、反映情况，回复上级机关的询问。

（十一）请示。适用于向上级机关请求指示、批准。

（十二）批复。适用于答复下级机关请示事项。

（十三）议案。适用于各级人民政府按照法律程序向同级人民代表大会或者人民代表大会常务委员会提请审议事项。

（十四）函。适用于不相隶属机关之间商洽工作、询问和答复问题、请求批准和答复审批事项。

（十五）纪要。适用于记载会议主要情况和议定事项。

第三章　公文格式

第九条　公文一般由份号、密级和保密期限、紧急程度、发文机关标志、发文字号、签发人、标题、主送机关、正文、附件说明、发文机关署名、成文日期、印章、附注、附件、抄送机关、印发机关和印发日期、页码等组成。

（一）份号。公文印制份数的顺序号。涉密公文应当标注份号。

（二）密级和保密期限。公文的秘密等级和保密的期限。涉密公文应当根据涉密程度分别标注"绝密""机密""秘密"和保密期限。

（三）紧急程度。公文送达和办理的时限要求。根据紧急程度，紧急公文应当分别标注"特急""加急"，电报应当分别标注"特提""特急""加急""平急"。

（四）发文机关标志。由发文机关全称或者规范化简称加"文件"二字组成，也可以使用发文机关全称或者规范化简称。联合行文时，发文机关标志可以并用联合发文机关名称，也可以单独用主办机关名称。

（五）发文字号。由发文机关代字、年份、发文顺序号组成。联合行文时，使用主办机关的发文字号。

（六）签发人。上行文应当标注签发人姓名。

（七）标题。由发文机关名称、事由和文种组成。

（八）主送机关。公文的主要受理机关，应当使用机关全称、规范化简称或者同类型机关统称。

（九）正文。公文的主体，用来表述公文的内容。

（十）附件说明。公文附件的顺序号和名称。

（十一）发文机关署名。署发文机关全称或者规范化简称。

（十二）成文日期。署会议通过或者发文机关负责人签发的日期。联合行文时，署最后签发机关负责人签发的日期。

（十三）印章。公文中有发文机关署名的，应当加盖发文机关印章，并与署名机关相符。有特定发文机关标志的普发性公文和电报可以不加盖印章。

（十四）附注。公文印发传达范围等需要说明的事项。

（十五）附件。公文正文的说明、补充或者参考资料。

（十六）抄送机关。除主送机关外需要执行或者知晓公文内容的其他机关，应当使用机关全称、规范化简称或者同类型机关统称。

（十七）印发机关和印发日期。公文的送印机关和送印日期。

（十八）页码。公文页数顺序号。

第十条　公文的版式按照《党政机关公文格式》国家标准执行。

第十一条　公文使用的汉字、数字、外文字符、计量单位和标点符号等，按照有关国家标准和规定执行。民族自治地方的公文，可以并用汉字和当地通用的少数民族文字。

第十二条　公文用纸幅面采用国际标准 A4 型。特殊形式的公文用纸幅面，根据实际需要确定。

第四章　行文规则

第十三条　行文应当确有必要，讲求实效，注重针对性和可操作性。

第十四条　行文关系根据隶属关系和职权范围确定。一般不得越级行文，特殊情况需要越级行文的，应当同时抄送被越过的机关。

第十五条　向上级机关行文，应当遵循以下规则：

（一）原则上主送一个上级机关，根据需要同时抄送相关上级机关和同级机关，不抄送下级机关。

（二）党委、政府的部门向上级主管部门请示、报告重大事项，应当经本级党委、政府同意或者授权；属于部门职权范围内的事项应当直接报送上级主管部门。

（三）下级机关的请示事项，如需以本机关名义向上级机关请示，应当提出倾向性意见后上报，不得原文转报上级机关。

（四）请示应当一文一事。不得在报告等非请示性公文中夹带请示事项。

（五）除上级机关负责人直接交办事项外，不得以本机关名义向上级机关负责人报送公文，不得以本机关负责人名义向上级机关报送公文。

（六）受双重领导的机关向一个上级机关行文，必要时抄送另一个上级机关。

第十六条　向下级机关行文，应当遵循以下规则：

（一）主送受理机关，根据需要抄送相关机关。重要行文应当同时抄送发文机关的直接上级机关。

（二）党委、政府的办公厅（室）根据本级党委、政府授权，可以向下级党委、政府行文，其他部门和单位不得向下级党委、政府发布指令性公文或者在公文中向下级党委、政府提出指令性要求。需经政府审批的具体事项，经政府同意后可以由政府职能部门行文，文中须注明已经政府同意。

（三）党委、政府的部门在各自职权范围内可以向下级党委、政府的相关部门行文。

（四）涉及多个部门职权范围内的事务，部门之间未协商一致的，不得向下行文；擅自行文的，上级机关应当责令其纠正或者撤销。

（五）上级机关向受双重领导的下级机关行文，必要时抄送该下级机关的另一个上级机关。

第十六条　同级党政机关、党政机关与其他同级机关必要时可以联合行文。属于党委、政府各自职权范围内的工作，不得联合行文。

党委、政府的部门依据职权可以相互行文。

部门内设机构除办公厅（室）外不得对外正式行文。

第五章　公文拟制

第十八条　公文拟制包括公文的起草、审核、签发等程序。

第十九条　公文起草应当做到以下七点。

（一）符合党的理论路线方针政策和国家法律法规，完整准确体现发文机关意图，并同现行有关公文相衔接。

（二）一切从实际出发，分析问题实事求是，所提政策措施和办法切实可行。

（三）内容简洁，主题突出，观点鲜明，结构严谨，表述准确，文字精练。

（四）文种正确，格式规范。

（五）深入调查研究，充分进行论证，广泛听取意见。

（六）公文涉及其他地区或者部门职权范围内的事项，起草单位必须征求相关地区或者部门意见，力求达成一致。

（七）机关负责人应当主持、指导重要公文起草工作。

第二十条　公文文稿签发前，应当由发文机关办公厅（室）进行审核。审核的重点如下。

（一）行文理由是否充分，行文依据是否准确。

（二）内容是否符合党的理论路线方针政策和国家法律法规；是否完整准确体现发文机关意图；是否同现行有关公文相衔接；所提政策措施和办法是否切实可行。

（三）涉及有关地区或者部门职权范围内的事项是否经过充分协商并达成一致意见。

（四）文种是否正确，格式是否规范；人名、地名、时间、数字、段落顺序、引文等是否准确；文字、数字、计量单位和标点符号等用法是否规范。

（五）其他内容是否符合公文起草的有关要求。

需要发文机关审议的重要公文文稿，审议前由发文机关办公厅（室）进行初核。

第二十一条　经审核不宜发文的公文文稿，应当退回起草单位并说明理由；符合发文条件但内容需作进一步研究和修改的，由起草单位修改后重新报送。

第二十二条　公文应当经本机关负责人审批签发。重要公文和上行文由机关主要负责人签发。党委、政府的办公厅（室）根据党委、政府授权制发的公文，由受权机关主要负责人签发或者按照有关规定签发。签发人签发公文，应当签署意见、姓名和完整日期；圈阅或者签名的，视为同意。联合发文由所有联署机关的负责人会签。

第六章　公文办理

第二十三条　公文办理包括收文办理、发文办理和整理归档。

第二十四条　收文办理主要程序如下。

（一）签收。对收到的公文应当逐件清点，核对无误后签字或者盖章，并注明签收时间。

（二）登记。对公文的主要信息和办理情况应当详细记载。

（三）初审。对收到的公文应当进行初审。初审的重点是：是否应当由本机关办理，是否符合行文规则，文种、格式是否符合要求，涉及其他地区或者部门职权范围内的事项是否已经协商、会签，是否符合公文起草的其他要求。经初审不符合规定的公文，应当及时退回来文单位并说明理由。

（四）承办。阅知性公文应当根据公文内容、要求和工作需要确定范围后分送。批办性公文应当提出拟办意见报本机关负责人批示或者转有关部门办理；需要两个以上部门办理的，应当明确主办部门。紧急公文应当明确办理时限。承办部门对交办的公文应当及时办理，有明确办理时限要求的应当在规定时限内办理完毕。

（五）传阅。根据领导批示和工作需要将公文及时送传阅对象阅知或者批示。办理公文传阅应当随时掌握公文去向，不得漏传、误传、延误。

（六）催办。及时了解掌握公文的办理进展情况，督促承办部门按期办结。紧急公文或者重要公文应当由专人负责催办。

（七）答复。公文的办理结果应当及时答复来文单位，并根据需要告知相关单位。

第二十五条　发文办理主要程序如下。

（一）复核。已经发文机关负责人签批的公文，印发前应当对公文的审批手续、内容、文种、格式等进行复核；需作实质性修改的，应当报原签批人复审。

（二）登记。对复核后的公文，应当确定发文字号、分送范围和印制份数并详细记载。

（三）印制。公文印制必须确保质量和时效。涉密公文应当在符合保密要求的场所印制。

（四）核发。公文印制完毕，应当对公文的文字、格式和印刷质量进行检查后分发。

第二十六条　涉密公文应当通过机要交通、邮政机要通信、城市机要文件交换站或者收发件机关机要收发人员进行传递，通过密码电报或者符合国家保密规定的计算机信息系统进行传输。

第二十七条　需要归档的公文及有关材料，应当根据有关档案法律法规以及机关档案管理规定，及时收集齐全、整理归档。两个以上机关联合办理的公文，原件由主办机关归档，相关机关保存复制件。机关负责人兼任其他机关职务的，在履行所兼职务过程中形成的公文，由其兼职机关归档。

第七章　公文管理

第二十八条　各级党政机关应当建立健全本机关公文管理制度，确保管理严格规范，充分发挥公文效用。

第二十九条　党政机关公文由文秘部门或者专人统一管理。设立党委（党组）的县级以上单位应当建立机要保密室和机要阅文室，并按照有关保密规定配备工作人员和必要的安全保密设施设备。

第三十条　公文确定密级前，应当按照拟定的密级先行采取保密措施。确定密级后，应当按照所定密级严格管理。绝密级公文应当由专人管理。

公文的密级需要变更或者解除的，由原确定密级的机关或者其上级机关决定。

第三十一条　公文的印发传达范围应当按照发文机关的要求执行；需要变更的，应当经发文机关批准。

涉密公文公开发布前应当履行解密程序。公开发布的时间、形式和渠道，由发文机关确定。

经批准公开发布的公文，同发文机关正式印发的公文具有同等效力。

第三十二条　复制、汇编机密级、秘密级公文，应当符合有关规定并经本机关负责人批准。绝密级公文一般不得复制、汇编，确有工作需要的，应当经发文机关或者其上级机关批准。复制、汇编的公文视同原件管理。

复制件应当加盖复制机关戳记。翻印件应当注明翻印的机关名称、日期。汇编本的密级按照编入公文的最高密级标注。

第三十三条　公文的撤销和废止，由发文机关、上级机关或者权力机关根据职权范围和有关法律法规决定。公文被撤销的，视为自始无效；公文被废止的，视为自废止之日起失效。

第三十四条　涉密公文应当按照发文机关的要求和有关规定进行清退或者销毁。

第三十五条　不具备归档和保存价值的公文，经批准后可以销毁。销毁涉密公文必须严格按照有关规定履行审批登记手续，确保不丢失、不漏销。个人不得私自销毁、留存涉密公文。

第三十六条　机关合并时，全部公文应当随之合并管理；机关撤销时，需要归档的公文经整理后按照有关规定移交档案管理部门。

工作人员离岗离职时，所在机关应当督促其将暂存、借用的公文按照有关规定移交、清退。

第三十七条　新设立的机关应当向本级党委、政府的办公厅（室）提出发文立户申请。经审查符合条件的，列为发文单位，机关合并或者撤销时，相应进行调整。

第八章　附　　则

第三十八条　党政机关公文含电子公文。电子公文处理工作的具体办法另行制定。

第三十九条　法规、规章方面的公文，依照有关规定处理。外事方面的公文，依照外事主管部门的有关规定处理。

第四十条　其他机关和单位的公文处理工作，可以参照本条例执行。

第四十一条　本条例由中共中央办公厅、国务院办公厅负责解释。

第四十二条　本条例自 2012 年 7 月 1 日起施行。1996 年 5 月 3 日中共中央办公厅发布的《中国共产党机关公文处理条例》和 2000 年 8 月 24 日国务院发布的《国家行政机关公文处理办法》停止执行。

参考文献

1. 郝立新. 应用文写作[M]. 北京：清华大学出版社，2012.

2. 朱淑萍，邹旗辉. 应用文写作[M]. 北京：北京理工大学出版社，2016.

3. 张鑫，李成森，佟欣. 应用文写作[M]. 北京：北京理工大学出版社，2015.

4. 聂春梅，郑宪春. 应用文写作[M]. 长沙：湖南大学出版社，2014.

5. 王开淮. 应用文写作[M]. 北京：北京理工大学出版社，2013.

6. 刘雪梅，王英珍，王彩琴. 应用文写作[M]. 天津：天津科学技术出版社，2009.

7. 李景兰. 应用文写作教程[M]. 西安：西北大学出版社，2006.

8. 王立厚，丁超，方波. 职业应用文[M]. 成都：西南交通大学出版社，2012.

9. 邱飞廉. 职场应用写作[M]. 北京：中国人民大学出版社，2011.

10. 叶益武. 打造职场写作"达人"：公文的拟制与办理完全手册[M]. 北京：企业管理出版社，2016.

11. 吴坚，傅殿英. 实用逻辑学[M]. 北京：首都经济贸易大学出版社，2005.